DESCUBR

Lengua y cultura del mundo hispánico

TEACHER'S EDITION

Cuaderno de práctica

VISTA®
HIGHER LEARNING

Student Text ISBN: 978-1-68004-489-8
Teacher's Edition ISBN: 978-1-68004-514-7

1 2 3 4 5 6 7 8 9 PP 21 20 19 18 17 16

Table of Contents

Lección 1   1

Lección 2   11

Lección 3   23

Repaso: Lecciones 1–3   35

Lección 4   37

Lección 5   49

Lección 6   59

Repaso: Lecciones 4–6   71

Lección 7   73

Lección 8   85

Lección 9   97

Repaso: Lecciones 7–9   107

contextos

Lección 1

1 **Saludos** For each question or expression, write the appropriate answer from the box in each blank.

De nada.	Encantada.	Muy bien, gracias.	Nos vemos.
El gusto es mío.	Me llamo Pepe.	Nada.	Soy de Argentina.

1. ¿Cómo te llamas? Me llamo Pepe. _____

2. ¿Qué hay de nuevo? Nada. _____

3. ¿De dónde eres? Soy de Argentina. _____

4. Adiós. Nos vemos. _____

5. ¿Cómo está usted? Muy bien, gracias. _____

6. Mucho gusto. El gusto es mío. _____

7. Te presento a la señora Díaz. Encantada. _____

8. Muchas gracias. De nada. _____

2 **Conversación** Complete this conversation by writing one word in each blank.

ANA Buenos días, señor González. ¿Cómo (1) ___está___ (2) ___usted___?

SR. GONZÁLEZ (3) ___Muy___ bien, gracias. ¿Y tú, (4) ___cómo___ estás?

ANA Regular. (5) ___Le___ presento a Antonio.

SR. GONZÁLEZ Mucho (6) ___gusto___, Antonio.

ANTONIO El gusto (7) ___es___ (8) ___mío___.

SR. GONZÁLEZ ¿De dónde (9) ___eres___, Antonio?

ANTONIO (10) ___Soy___ (11) ___de___ México.

ANA (12) ___Hasta___ luego, señor González.

SR. GONZÁLEZ Nos (13) ___vemos___, Ana.

ANTONIO (14) ___Adiós/Chau___, señor González.

3 **Los países** Fill in the blanks with the Spanish name of the country that is highlighted in each map.

1. ___los Estados Unidos___   2. ___México___

Lección 1 Contextos Activities   **1**

Lección 1

4 **Saludos, despedidas y presentaciones** Complete these phrases with the missing words. Then write each phrase in the correct column of the chart.

1. ¿_____Qué_____ pasa?

2. _____Hasta_____ luego.

3. _____Mucho_____ gusto.

4. Te _____presento_____ a Irene.

5. ¿_____Cómo_____ estás?

6. _____Buenos_____ días.

7. El _____gusto_____ es mío.

8. Nos _____vemos_____.

Saludos	Despedidas	Presentaciones
¿Qué pasa?	Hasta luego.	Mucho gusto.
¿Cómo estás?	Nos vemos.	Te presento a Irene.
Buenos días.		El gusto es mío.

5 **Diferente** Write the word or phrase that does not belong in each group.

1. Hasta mañana.
   Nos vemos.
   Buenos días.
   Hasta pronto.
   _____Buenos días._____

2. ¿Qué tal?
   Regular.
   ¿Qué pasa?
   ¿Cómo estás?
   _____Regular._____

3. Puerto Rico
   Washington
   México
   Estados Unidos
   _____Washington_____

4. Muchas gracias.
   Muy bien, gracias.
   No muy bien.
   Regular.
   _____Muchas gracias._____

5. ¿De dónde eres?
   ¿Cómo está usted?
   ¿De dónde es usted?
   ¿Cómo se llama usted?
   _____¿De dónde eres?_____

6. Chau.
   Buenos días.
   Hola.
   ¿Qué tal?
   _____Chau._____

estructura

1.1 Nouns and articles

1 **¿Masculino o femenino?** Write the correct definite article before each noun. Then write each article and noun in the correct column.

_____el_____ hombre   _____el_____ pasajero   _____el_____ chico

_____la_____ profesora   _____la_____ mujer   _____la_____ pasajera

_____la_____ chica   _____la_____ conductora   _____el_____ profesor

Masculino	Femenino
el hombre	la profesora
el pasajero	la mujer
el chico	la pasajera
el profesor	la chica
	la conductora

2 **¿El, la, los o las?** Write the correct definite article before each noun.

1. _____el_____ autobús
2. _____la_____ maleta
3. _____los_____ lápices
4. _____el_____ diccionario
5. _____las_____ palabras

6. _____la_____ mano
7. _____el_____ país
8. _____el_____ problema
9. _____las_____ cosas
10. _____los_____ diarios

3 **Singular y plural** Transform the singular elements into plural, and the plural into singular.

1. unas fotografías _____una fotografía_____
2. un día _____unos días_____
3. un cuaderno _____unos cuadernos_____
4. unos pasajeros _____un pasajero_____
5. una computadora _____unas computadoras_____

6. unas escuelas _____una escuela_____
7. unos videos _____un video_____
8. un programa _____unos programas_____
9. unos autobuses _____un autobús_____
10. una palabra _____unas palabras_____

4 **Las cosas** For each picture, provide the noun with its corresponding definite and indefinite articles.

1. los turistas, unos turistas/ los hombres y las mujeres, unos hombres y unas mujeres
2. la foto, una foto
3. el hombre, un hombre/el pasajero, un pasajero
4. las maletas, unas maletas

1.2 Numbers 0–30

1 **Los números** Solve the math problems to complete the crossword puzzle.

Horizontales

1. veinte más cinco
4. veintiséis menos quince
7. treinta menos catorce
10. veinticinco menos veintiuno
11. once más dos

Verticales

1. once más once
2. seis más tres
3. trece menos trece
5. doce más ocho

6. veintinueve menos diecinueve
8. veintitrés menos dieciséis
9. siete más uno

2 **¿Cuántos hay?** Write questions that ask how many items there are. Then answer the questions by writing out the numbers.

> **modelo**
> 2 cuadernos
> ¿Cuántos cuadernos hay? Hay dos cuadernos.

1. 3 diccionarios ¿Cuántos diccionarios hay? Hay tres diccionarios.

2. 12 estudiantes ¿Cuántos estudiantes hay? Hay doce estudiantes.

3. 10 lápices ¿Cuántos lápices hay? Hay diez lápices.

4. 7 maletas ¿Cuántas maletas hay? Hay siete maletas.

5. 25 palabras ¿Cuántas palabras hay? Hay veinticinco palabras.

6. 21 países ¿Cuántos países hay? Hay veintiún países.

7. 13 escuelas ¿Cuántas escuelas hay? Hay trece escuelas.

8. 18 pasajeros ¿Cuántos pasajeros hay? Hay dieciocho pasajeros.

9. 15 computadoras ¿Cuántas computadoras hay? Hay quince computadoras.

10. 27 fotografías ¿Cuántas fotografías hay? Hay veintisiete fotografías.

1.3 Present tense of **ser**

1 **Los pronombres** In the second column, write the subject pronouns that you would use when addressing the people listed in the first column. In the third column, write the pronouns you would use when talking about them. The first item has been done for you.

Personas	Addressing them	Talking about them
1. el señor Díaz	usted	él
2. Jimena y Marissa	ustedes	ellas
3. Maru y Miguel	ustedes	ellos
4. la profesora	usted	ella
5. un estudiante	tú	él
6. el director de una escuela	usted	él
7. tres chicas	ustedes	ellas
8. un pasajero de autobús	usted	él
9. Juan Carlos y Felipe	ustedes	ellos
10. una turista	usted	ella

2 **Nosotros somos...** Rewrite each sentence with the new subject. Change the verb **ser** as necessary.

modelo
Ustedes son profesores.
Nosotros *somos profesores.*

1. Nosotros somos estudiantes. Ustedes son estudiantes.
2. Usted es de Puerto Rico. Ella es de Puerto Rico.
3. Nosotros somos conductores. Ellos son conductores.
4. Yo soy turista. Tú eres turista.
5. Ustedes son de México. Nosotras somos de México.
6. Ella es profesora. Yo soy profesor(a).
7. Tú eres de España. Él es de España.
8. Ellos son pasajeros. Ellas son pasajeras.

3 **¡Todos a bordo! (All aboard!)** Complete Jorge's introduction of his travelling companions with the correct forms of **ser**.

Hola, me llamo Jorge y (1) soy de Cuba. Pilar y Nati (2) son de España. Pedro, Juan y Paco (3) son de México. Todos nosotros (4) somos estudiantes. La señorita Blasco (5) es de San Antonio. Ella (6) es la profesora. Luis (7) es el conductor. Él (8) es de Puerto Rico. Ellos (9) son de los Estados Unidos. El autobús (10) es de la agencia Marazul. Todos nosotros (11) somos pasajeros de la agencia de viajes Marazul. Perdón, ¿de dónde (12) eres tú, quién (13) es ella y de quién (14) son las maletas?

Lección 1

4 **¿De quién es?** Use **ser** + **de** (or **del**) to indicate that the object belongs to the person or people listed.

> modelo
> nombre / el pasajero
> Es el nombre del pasajero.

1. diccionario / el estudiante Es el diccionario del estudiante.
2. cuadernos / las chicas Son los cuadernos de las chicas.
3. mano / Sara Es la mano de Sara.
4. maletas / la turista Son las maletas de la turista.
5. computadoras / los profesores Son las computadoras de los profesores.
6. autobús / el conductor Es el autobús del conductor.
7. lápices / la joven Son los lápices de la joven.
8. fotografía / los chicos Es la fotografía de los chicos.
9. computadora / la directora Es la computadora de la directora.
10. país / David Es el país de David.

5 **¿De dónde son?** Use **ser** + **de** to indicate where the people are from.

> modelo
> Ustedes / Costa Rica
> Ustedes son de Costa Rica.

1. Lina y María / Colombia Lina y María son de Colombia.
2. El profesor / México El profesor es de México.
3. Tú y los jóvenes / Argentina Tú y los jóvenes son de Argentina.
4. Las estudiantes / Estados Unidos Las estudiantes son de (los) Estados Unidos.
5. Ellos / Canadá Ellos son de Canadá.
6. La mujer / Puerto Rico La mujer es de Puerto Rico.
7. Los turistas / España Los turistas son de España.
8. Él y yo / Chile Él y yo somos de Chile.
9. Nosotras / Cuba Nosotras somos de Cuba.
10. Usted / Venezuela Usted es de Venezuela.

6 **¿De quién?** Write questions for these answers using the correct interrogative words from the list.

> modelo
> ¿De dónde son ellos?
> Ellos son de España.

| cómo | dónde | de quién(es) | por qué |
| cuándo | de dónde | qué | quién(es) |

1. ¿De quién son los lápices?
   Los lápices son de Alejandro.
2. ¿De dónde es Daniela?
   Daniela es de Ecuador.
3. ¿Qué es?
   Es una foto.
4. ¿Quiénes son ellas?
   Ellas son Claudia y Marta.

1.4 Telling time

1 **La hora** Give the time shown on each clock using complete sentences.

1. Son las cinco menos cuarto/quince.

2. Son las doce y siete.

3. Son las ocho menos dos.

4. Son las dos y cuarto/quince.

5. Son las seis y media/treinta.

6. Es la una y veinte.

2 **¿Qué hora es?** Use complete sentences to tell the time.

1. 3:40 p.m. Son las cuatro menos veinte de la tarde.

2. 6:00 a.m. Son las seis (en punto) de la mañana.

3. 9:15 p.m. Son las nueve y cuarto/quince de la noche.

4. 12:00 a.m. Son las doce de la noche/Es la medianoche.

5. 1:10 p.m. Es la una y diez de la tarde.

6. 10:45 a.m. Son las once menos cuarto/quince de la mañana.

7. 5:05 p.m. Son las cinco y cinco de la tarde.

8. 11:50 p.m. Son las doce menos diez de la noche.

9. 1:30 a.m. Es la una y media/treinta de la mañana.

10. 10:00 p.m. Son las diez (en punto) de la noche.

3 **El día de Marta** Use the schedule to answer the questions in complete sentences.

8:45 a.m.	Biología
11:00 a.m.	Cálculo
12:00 p.m.	Almuerzo
2:00 p.m.	Literatura
4:15 p.m.	Yoga
10:30 p.m.	Programa especial

1. ¿A qué hora es la clase de biología? La clase de biología es a las nueve menos cuarto/quince de la mañana.

2. ¿A qué hora es la clase de cálculo? La clase de cálculo es a las once (en punto) de la mañana.

3. ¿A qué hora es el almuerzo (*lunch*)? El almuerzo es al mediodía/a las doce del día.

4. ¿A qué hora es la clase de literatura? La clase de literatura es a las dos (en punto) de la tarde.

5. ¿A qué hora es la clase de yoga? La clase de yoga es a las cuatro y cuarto/quince de la tarde.

6. ¿A qué hora es el programa especial? El programa especial es a las diez y media/treinta de la noche.

Síntesis

¿Y tú? Use lesson vocabulary, the present tense of **ser**, expressions for telling time, and numbers to answer the questions about yourself and your class using complete sentences. Answers will vary.

1. ¿Cómo te llamas? _____

2. ¿De dónde eres? _____

3. ¿Qué hay de nuevo? _____

_____

4. ¿Qué hora es? _____

5. ¿A qué hora es la clase de español? _____

_____

6. ¿Cuántos estudiantes hay en la clase de español? _____

_____

7. ¿Hay estudiantes de México en la clase? _____

_____

8. ¿A qué hora es tu (*your*) programa de televisión favorito? _____

_____

panorama

Estados Unidos y Canadá

1 **¿Cierto o falso?** Indicate if each statement is **cierto** (*true*) or **falso** (*false*). Then correct the false statements.

1. La mayor parte de la población hispana de los Estados Unidos es de origen mexicano.

   Cierto.

2. Hay más (*more*) hispanos en Illinois que (*than*) en Texas.

   Falso. Hay más hispanos en Texas que en Illinois.

3. El estado con la mayor población hispana de los Estados Unidos es California.

   Cierto.

4. Muchos hispanos en Canadá tienen estudios universitarios.

   Cierto.

5. Muchos hispanos en Canadá hablan una de las lenguas oficiales: inglés o portugués.

   Falso. Muchos hispanos en Canadá hablan una de las lenguas oficiales: inglés o francés.

6. Hoy, uno de cada cuatro niños en los Estados Unidos es de origen hispano.

   Falso. Hoy, uno de cada cinco niños en los Estados Unidos es de origen hispano.

7. Los tacos, las enchiladas y las quesadillas son platos cubanos.

   Falso. Los tacos, las enchiladas y las quesadillas son platos mexicanos.

8. Las ciudades con más población hispana en Canadá son Montreal, Toronto y Vancouver.

   Cierto.

9. Un barrio cubanoamericano importante de Miami se llama la Pequeña Cuba.

   Falso. Un barrio cubanoamericano importante de Miami se llama la Pequeña Habana.

10. Los puertorriqueños de Nueva York celebran su origen con un desfile.

    Cierto.

2 **Completar** Complete the sentences with the correct information from **Panorama** about the Hispanic communities in Canada and the United States.

1. Se estima que en el año 2034 uno de cada tres _____ niños _____ va a ser de origen hispano.

2. Los hispanos _____ participan _____ activamente en la vida cotidiana y profesional de Canadá.

3. La Pequeña Habana es una _____ parte _____ de Cuba en los Estados Unidos.

4. El desfile puertorriqueño es un gran espectáculo con carrozas y música _____ salsa _____, _____ merengue _____ y hip-hop.

5. La comida mexicana es muy _____ popular _____ en los Estados Unidos.

Lección 1

3 **Un mapa** Write the name of each state numbered on the map and provide its Hispanic population (rounded to the nearest million).

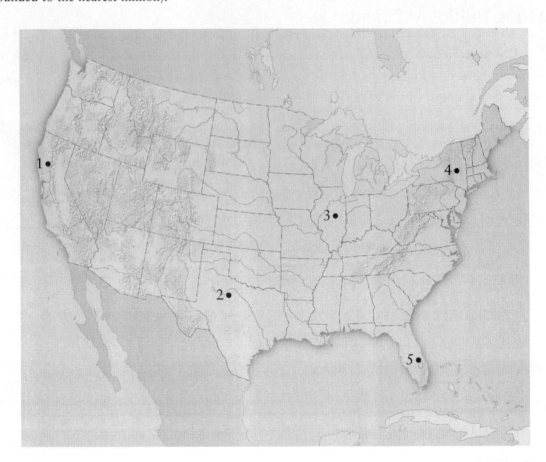

1. California _____ (____trece____ millones de hispanos)

2. Texas _____ (____nueve____ millones de hispanos)

3. Illinois _____ (____dos____ millones de hispanos)

4. Nueva York _____ (____tres____ millones de hispanos)

5. Florida _____ (____cuatro____ millones de hispanos)

4 **¿De dónde es?** Write the origin of each item listed (**estadounidense, mexicano, cubano,** or **puertorriqueño**).

	Origen
1. desfile en Nueva York	puertorriqueño
2. enchiladas, tacos y quesadillas	mexicano
3. Pequeña Habana	cubano
4. comida tex-mex y cali-mex	mexicano/estadounidense
5. mayor población hispana de EE.UU.	mexicano

contextos

Lección 2

1 **Categorías** Read each group of items. Then write the word from the list that describes a category for the group.

| cafetería | clase | laboratorio |
| ciencias | geografía | materias |

1. sándwiches, tacos, sodas, bananas _____ cafetería _____

2. mapas, capitales, países, nacionalidades _____ geografía _____

3. literatura, matemáticas, geografía, lenguas extranjeras _____ materias _____

4. microscopios, experimentos, ciencias, elementos _____ laboratorio _____

5. física, química, biología, astronomía _____ ciencias _____

6. pizarras, tiza, borrador, papelera, escritorios _____ clase _____

2 **Sopa de letras (Word search)** Find 16 school-related words in the grid, looking horizontally and vertically. Circle them in the puzzle, and write the words in the blanks with the correct accents.

S	P	F	I	S	I	C	A	B	Q	G	Ñ	E
O	E	S	P	A	Ñ	O	L	E	U	S	B	R
C	X	B	E	C	O	N	O	M	I	A	I	M
I	A	R	T	E	G	Q	F	A	M	F	O	I
O	M	C	A	C	L	O	U	R	I	V	L	N
L	E	P	R	U	E	B	A	A	C	D	O	G
O	N	U	E	O	N	E	Z	H	A	U	G	L
G	Ñ	D	A	M	C	L	A	S	E	T	I	E
I	E	J	I	L	C	I	E	N	C	I	A	S
A	P	E	R	I	O	D	I	S	M	O	P	I
D	S	T	H	O	R	A	R	I	O	Q	X	A
H	U	M	A	N	I	D	A	D	E	S	M	O

Horizontal: física _____   horario _____

español _____   humanidades _____

economía _____   **Vertical:** sociología _____

arte _____   examen _____

prueba _____   tarea _____

clase _____   química _____

ciencias _____   biología _____

periodismo _____   inglés _____

3 **El calendario** Use the calendar to answer these questions with complete sentences.

marzo

L	M	M	J	V	S	D
		1	2	3	4	5
6	7	8	9	10	11	12
13	14	15	16	17	18	19
20	21	22	23	24	25	26
27	28	29	30	31		

abril

L	M	M	J	V	S	D
					1	2
3	4	5	6	7	8	9
10	11	12	13	14	15	16
17	18	19	20	21	22	23
24	25	26	27	28	29	30

> **modelo**
>
> ¿Qué día de la semana es el 8 de abril (*April*)?
> El *8 de abril es sábado.*

1. ¿Qué día de la semana es el 21 de marzo (*March*)? _____ El 21 de marzo es martes. _____

2. ¿Qué día de la semana es el 7 de abril? _____ El 7 de abril es viernes. _____

3. ¿Qué día de la semana es el 2 de marzo? _____ El 2 de marzo es jueves. _____

4. ¿Qué día de la semana es el 28 de marzo? _____ El 28 de marzo es martes. _____

5. ¿Qué día de la semana es el 19 de abril? _____ El 19 de abril es miércoles. _____

6. ¿Qué día de la semana es el 12 de marzo? _____ El 12 de marzo es domingo. _____

7. ¿Qué día de la semana es el 3 de abril? _____ El 3 de abril es lunes. _____

8. ¿Qué día de la semana es el 22 de abril? _____ El 22 de abril es sábado. _____

9. ¿Qué día de la semana es el 31 de marzo? _____ El 31 de marzo es viernes. _____

10. ¿Qué día de la semana es el 9 de abril? _____ El 9 de abril es domingo. _____

4 **Completar** Complete these sentences using words from the word bank.

arte	ciencias	examen	horario	tarea
biblioteca	matemáticas	geografía	laboratorio	escuela

1. La biología, la química y la física son _____ ciencias _____.

2. El _____ horario _____ tiene (*has*) las horas de las clases.

3. A las once hay un _____ examen _____ de biología.

4. Martín es artista y toma (*takes*) una clase de _____ arte _____.

5. Hay veinte calculadoras en la clase de _____ matemáticas _____.

6. Los experimentos se hacen (*are done*) en el _____ laboratorio _____.

7. Hay muchos libros en la _____ biblioteca _____.

8. Los mapas son importantes en la clase de _____ geografía _____.

Lección 2

estructura

2.1 Present tense of **-ar** verbs

1 **Tabla (*Chart*) de verbos** Write the missing forms of each verb.

Present tense					
Infinitivo	**yo**	**tú**	**Ud., él, ella**	**nosotros/as**	**Uds., ellos**
1. cantar	canto	cantas	canta	cantamos	cantan
2. preguntar	pregunto	preguntas	pregunta	preguntamos	preguntan
3. contestar	contesto	contestas	contesta	contestamos	contestan
4. practicar	practico	practicas	practica	practicamos	practican
5. desear	deseo	deseas	desea	deseamos	desean
6. llevar	llevo	llevas	lleva	llevamos	llevan

2 **Completar** Complete these sentences using the correct form of the verb in parentheses.

1. Los turistas _____ viajan _____ (viajar) en un autobús.
2. Elena y yo _____ hablamos _____ (hablar) español en clase.
3. Los estudiantes _____ llegan _____ (llegar) a la clase.
4. Yo _____ dibujo _____ (dibujar) un reloj en la pizarra.
5. La señora García _____ compra _____ (comprar) libros en la librería de la escuela.
6. Francisco y tú _____ regresan _____ (regresar) de la biblioteca.
7. El semestre _____ termina _____ (terminar) en mayo (*May*).
8. Tú _____ buscas _____ (buscar) a tus (*your*) compañeros de clase en la cafetería.

3 **¿Quién es?** Complete these sentences with the correct verb form.

busco	conversas	esperan	regresamos	trabaja
compran	enseña	necesitas	toman	viajan

1. Nosotras _____ regresamos _____ a las seis de la tarde.
2. Muchos estudiantes _____ toman _____ la clase de español.
3. Rosa y Laura no _____ esperan _____ a Manuel.
4. Tú _____ conversas _____ con los chicos en la residencia estudiantil.
5. El padre (*father*) de Jaime _____ trabaja _____ en el laboratorio.
6. Yo _____ busco _____ un libro en la biblioteca.
7. Rebeca y tú _____ compran _____ unas maletas para viajar.
8. La profesora Reyes _____ enseña _____ el curso de español.

Lección 2 Estructura Activities   **13**

4   **Usar los verbos** Form sentences using the words provided. Use the correct present tense or infinitive form of each verb.

1. una estudiante / desear / hablar / con su profesora de biología

Una estudiante desea hablar con su profesora de biología.

2. Mateo / desayunar / en la cafetería de la escuela

Mateo desayuna en la cafetería de la escuela.

3. (mí) / gustar / cantar y bailar

(A mí) Me gusta cantar y bailar.

4. los profesores / contestar / las preguntas (*questions*) de los estudiantes

Los profesores contestan las preguntas de los estudiantes.

5. ¿(ti) / gustar / la clase de música?

¿(A ti) Te gusta la clase de música?

6. (nosotros) / esperar / viajar / a Madrid

(Nosotros) Esperamos viajar a Madrid.

7. (yo) / necesitar / practicar / los verbos en español

(Yo) Necesito practicar los verbos en español.

8. (mí) / no / gustar / los exámenes

(A mí) No me gustan los exámenes.

5   **¿Y tú?** Use complete sentences to answer these questions.

> *modelo*
>
> ¿Bailas el tango?
> Sí, bailo el tango./No, no bailo el tango.

1. ¿Estudias ciencias en la escuela?

Sí, estudio ciencias en la escuela./No, no estudio ciencias en la escuela.

2. ¿Conversas mucho con los compañeros de clase?

Sí, converso mucho con los compañeros de clase./No, no converso mucho con los compañeros de clase.

3. ¿Esperas estudiar más (*more*) lenguas extranjeras?

Sí, espero estudiar más lenguas extranjeras./No, no espero estudiar más lenguas extranjeras.

4. ¿Necesitas descansar después de (*after*) los exámenes?

Sí, necesito descansar después de los exámenes./No, no necesito descansar después de los exámenes.

5. ¿Compras los libros en la librería?

Sí, compro los libros en la librería./No, no compro los libros en la librería.

6. ¿Te gusta viajar?

Sí, me gusta viajar./No, no me gusta viajar.

2.2 Forming questions in Spanish

1 **Las preguntas** Make questions out of these statements by inverting the word order.

1. Ustedes son de Puerto Rico.
   ¿Son ustedes de Puerto Rico?/¿Son de Puerto Rico ustedes?

2. El estudiante dibuja un mapa.
   ¿Dibuja el estudiante un mapa?/¿Dibuja un mapa el estudiante?

3. Los turistas llegan en autobús.
   ¿Llegan en autobús los turistas?/¿Llegan los turistas en autobús?

4. La clase termina a las dos de la tarde.
   ¿Termina la clase a las dos de la tarde?/¿Termina a las dos de la tarde la clase?

5. Samuel trabaja en la biblioteca.
   ¿Trabaja Samuel en la biblioteca?/¿Trabaja en la biblioteca Samuel?

6. Los chicos miran un programa.
   ¿Miran los chicos un programa?/¿Miran un programa los chicos?

7. El profesor Miranda enseña la clase de humanidades.
   ¿Enseña el profesor Miranda la clase de humanidades?/¿Enseña la clase de humanidades el profesor Miranda?

8. Isabel compra cinco libros de historia.
   ¿Compra Isabel cinco libros de historia?/¿Compra cinco libros de historia Isabel?

9. Mariana y Javier preparan la tarea.
   ¿Preparan Mariana y Javier la tarea?/¿Preparan la tarea Mariana y Javier?

10. Ellas conversan en la cafetería de la escuela.
    ¿Conversan ellas en la cafetería de la escuela?/¿Conversan en la cafetería de la escuela ellas?

2 **Seleccionar** Choose an interrogative word from the list to write a question that corresponds with each response.

adónde	cuándo	de dónde	por qué	quién
cuáles	cuántos	dónde	qué	quiénes

1. ¿Adónde caminan ellos?
   Ellos caminan a la biblioteca.

2. ¿De dónde es el profesor de español?
   El profesor de español es de México.

3. ¿Cuántos estudiantes hay en la clase?
   Hay quince estudiantes en la clase.

4. ¿Quién es el compañero de cuarto de Jaime?
   El compañero de cuarto de Jaime es Manuel.

5. ¿Dónde es la clase de física?
   La clase de física está en el laboratorio.

6. ¿Qué lleva Julia?
   Julia lleva una computadora portátil.

7. ¿Cuándo termina el programa de televisión?
   El programa de televisión termina en dos horas.

8. ¿Por qué estudias biología?
   Estudio biología porque hay un examen mañana.

3

Muchas preguntas Form four different questions from each statement.

1. Mariana canta en el coro (*choir*) de la escuela.

¿Mariana canta en el coro de la escuela?

¿Canta Mariana en el coro de la escuela?

¿Canta en el coro de la escuela Mariana?

Mariana canta en el coro de la escuela, ¿no?/¿verdad?

2. Carlos busca el libro de arte.

¿Carlos busca el libro de arte?

¿Busca el libro de arte Carlos?

¿Busca Carlos el libro de arte?

Carlos busca el libro de arte, ¿verdad?/¿no?

3. La profesora Gutiérrez enseña contabilidad.

¿La profesora Gutiérrez enseña contabilidad?

¿Enseña la profesora Gutiérrez contabilidad?

¿Enseña contabilidad la profesora Gutiérrez?

La profesora Gutiérrez enseña contabilidad, ¿no?/¿verdad?

4. Ustedes necesitan hablar con el profesor de economía.

¿Ustedes necesitan hablar con el profesor de economía?

¿Necesitan ustedes hablar con el profesor de economía?

¿Necesitan hablar con el profesor de economía ustedes?

Ustedes necesitan hablar con el profesor de economía, ¿no?/¿verdad?

4

¿Qué palabra? Write the interrogative word or phrase that makes sense in each question.

1. ¿_____ Dónde _____ está la clase de administración de empresas?
   Está en la biblioteca.
2. ¿_____ Cuándo _____ preparas la tarea de matemáticas?
   Preparo la tarea de matemáticas el lunes.
3. ¿_____ De dónde _____ es el profesor de inglés?
   Es de los Estados Unidos.
4. ¿_____ Cuántos _____ libros hay en la clase de biología?
   Hay diez libros.
5. ¿_____ Adónde _____ caminas con (*with*) Olga?
   Camino a la clase de biología con Olga.
6. ¿_____ Qué _____ enseña el profesor Hernández?
   Enseña literatura.
7. ¿_____ Por qué _____ llevas cinco libros en la mochila?
   Porque regreso de la biblioteca.
8. ¿_____ Quién _____ es la profesora de física?
   Es la señora Caballero.

2.3 Present tense of **estar**

1   **Están en...** Answer the questions based on the pictures. Write complete sentences.

1. ¿Dónde están Cristina y Bruno? _Cristina y Bruno están en el estadio._

2. ¿Dónde están la profesora y el estudiante? _La profesora y el estudiante están en la clase._

3. ¿Dónde está la puerta? _La puerta está al lado de/a la derecha de/cerca de la ventana/en la casa._

4. ¿Dónde está la mochila? _La mochila está debajo de/cerca de la pizarra/en la clase._

5. ¿Dónde está el pasajero? _El pasajero está en el autobús._

6. ¿Dónde está José Miguel? _José Miguel está en el laboratorio._

2   **¿Dónde están?** Use these cues and the correct form of **estar** to write complete sentences. Add any missing words.

1. libros / cerca / escritorio
Los libros están cerca del escritorio.

2. ustedes / al lado / puerta
Ustedes están al lado de la puerta.

3. calculadora / entre / computadoras
La calculadora está entre las computadoras.

4. lápices / sobre / cuaderno
Los lápices están sobre el cuaderno.

5. estadio / lejos / residencias
El estadio está lejos de las residencias.

6. mochilas / debajo / mesa
Las mochilas están debajo de la mesa.

7. tú / en / clase de historia
Tú estás en la clase de historia.

8. reloj / a la derecha / ventana
El reloj está a la derecha de la ventana.

9. Rita / a la izquierda / Julio
Rita está a la izquierda de Julio.

Lección 2 Estructura Activities   **17**

Lección 2

3 **¿Ser o estar?** Complete these sentences with the correct present tense form of the verb **ser** or **estar**.

1. Sonia _____está_____ muy bien hoy.

2. Las sillas _____están_____ delante del escritorio.

3. Ellos _____son_____ estudiantes de sociología.

4. Alma _____es_____ de la capital de España.

5. _____Son_____ las diez y media de la mañana.

6. Nosotras _____estamos_____ en la biblioteca.

4 **El libro** Complete this cell phone conversation with the correct forms of **estar**.

GUSTAVO Hola, Pablo. ¿(1)_____Estás_____ en casa?

PABLO Sí, (2)_____estoy_____ en casa.

GUSTAVO Necesito el libro de física.

PABLO ¿Dónde (3)_____está_____ el libro?

GUSTAVO El libro (4)_____está_____ en mi cuarto, al lado de la computadora.

PABLO ¿Dónde (5)_____está_____ la computadora?

GUSTAVO La computadora (6)_____está_____ encima del escritorio.

PABLO ¡Aquí (*Here*) (7)_____están_____ la computadora y... el libro de física!

5 **Conversación** Complete this conversation with the correct forms of **ser** and **estar**.

PILAR Hola, Irene. ¿Cómo (1)_____estás_____?

IRENE Muy bien, ¿y tú? ¿Qué tal?

PILAR Bien, gracias. Te presento a Pablo.

IRENE Encantada, Pablo.

PILAR Pablo (2)_____es_____ de México.

IRENE ¿De qué parte de (*where in*) México (3)_____eres_____?

PABLO (4)_____Soy_____ de Monterrey. Y tú, ¿de dónde (5)_____eres_____?

IRENE (6)_____Soy_____ de San Juan, Puerto Rico.

PILAR ¿Dónde (7)_____está_____ Claudia?

IRENE (8)_____Está_____ en casa.

PABLO Nosotros vamos a (*are going to*) la librería ahora.

PILAR Necesitamos comprar el manual del laboratorio de física.

IRENE ¿A qué hora (9)_____es_____ la clase de física?

PABLO (10)_____Es_____ a las doce del día. ¿Qué hora (11)_____es_____ ahora?

PILAR (12)_____Son_____ las once y media.

IRENE ¡Menos mal que (*Fortunately*) la librería (13)_____está_____ cerca del laboratorio!

PILAR Sí, no (14)_____está_____ muy lejos de la clase. Nos vemos.

IRENE Hasta luego.

PABLO Chau.

2.4 Numbers 31 and higher

1 **Números de teléfono** Provide the words for these telephone numbers.

> **modelo**
> 968-3659
> **nueve, sesenta y ocho, treinta y seis, cincuenta y nueve**

1. 776-7799
   siete, setenta y seis, setenta y siete, noventa y nueve

2. 543-3162
   cinco, cuarenta y tres, treinta y uno, sesenta y dos

3. 483-4745
   cuatro, ochenta y tres, cuarenta y siete, cuarenta y cinco

4. 352-5073
   tres, cincuenta y dos, cincuenta, setenta y tres

5. 888-7540
   ocho, ochenta y ocho, setenta y cinco, cuarenta

6. 566-3857
   cinco, sesenta y seis, treinta y ocho, cincuenta y siete

2 **¿Cuántos hay?** Use the inventory list to answer these questions about the amount of items in stock at the school bookstore. Use complete sentences and write out the Spanish words for numbers.

libros	320	mochilas	31
cuadernos	276	diccionarios	43
plumas	125	mapas	66

1. ¿Cuántos mapas hay? Hay sesenta y seis mapas.
2. ¿Cuántas mochilas hay? Hay treinta y una mochilas.
3. ¿Cuántos diccionarios hay? Hay cuarenta y tres diccionarios.
4. ¿Cuántos cuadernos hay? Hay doscientos setenta y seis cuadernos.
5. ¿Cuántas plumas hay? Hay ciento veinticinco plumas.
6. ¿Cuántos libros hay? Hay trescientos veinte libros.

3 **La universidad** Use the information provided to complete the paragraph about a student at a large state university. Write out the Spanish words for numbers.

> 25.000 estudiantes   44 nacionalidades diferentes   1.432 computadoras
> 350 españoles   10.500 libros   126 especialidades

La universidad es muy grande, hay (1)_____ veinticinco mil _____ estudiantes. Hay personas de
(2)_____ cuarenta y cuatro _____ países diferentes y (3)_____ trescientos cincuenta _____ son estudiantes de
España. La biblioteca tiene (4)_____ diez mil quinientos _____ libros de (5)_____ ciento veintiséis _____
especialidades diferentes. Hay (6)_____ mil cuatrocientas treinta y dos _____ computadoras...

Lección 2

4 **Por ciento** Use the pie chart to complete these sentences. Write out the Spanish numbers in words.

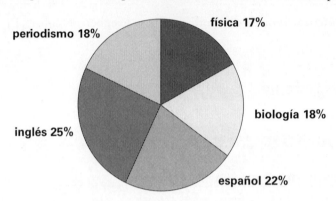

periodismo 18% física 17%

biología 18%

inglés 25%

español 22%

1. Un _____treinta y cinco_____ por ciento de los estudiantes estudian las ciencias.

2. Un _____cuarenta y tres_____ por ciento de los estudiantes estudian inglés o periodismo.

3. Un _____sesenta y cinco_____ por ciento de los estudiantes no estudian las ciencias.

4. Un _____ochenta y dos_____ por ciento de los estudiantes no estudian biología.

5. Un _____cuarenta y siete_____ por ciento de los estudiantes estudian inglés o español.

6. Un _____cincuenta y tres_____ por ciento de los estudiantes no estudian idiomas.

Síntesis

La escuela Imagine that a friend calls a student during the second week of class. Write questions that the friend might ask about his or her schedule, classes, and school life. Use the cues provided. Then write possible answers. Answers will vary.

> **modelo**
> ¿A qué hora termina la clase de español?
> La clase de español termina a las tres.

- ¿A qué hora...?
- ¿Dónde está...?
- ¿Qué clases...?
- ¿Trabajas...?

- ¿Estudias...?
- ¿Qué días de la semana...?
- ¿Hay...?
- ¿Cuántos...?

_____

_____

_____

_____

_____

_____

_____

panorama

España

1 **¿De qué ciudad es?** Write the city or town in Spain associated with each item.

1. el Museo del Prado _Madrid_
2. el baile flamenco _Sevilla_
3. la Sagrada Familia _Barcelona_
4. La Tomatina _Buñol_
5. segunda (*second*) ciudad en población _Barcelona_

2 **¿Cierto o falso?** Indicate whether each statement is **cierto** or **falso**. Then correct the false statements.

1. Las islas Canarias y las islas Baleares son de España.
   Cierto.
2. Zaragoza es una de las ciudades principales de España.
   Cierto.
3. La moneda de España es el peso.
   Falso. La moneda de España es el euro.
4. En España hay más de un idioma.
   Cierto.
5. La Tomatina es uno de los platos más deliciosos de España.
   Falso. La Tomatina es un festival donde se tiran tomates./La paella es uno de los platos más deliciosos de España.
6. El chef José Andrés vive en Washington, D.C.
   Cierto.

3 **El mapa de España** Fill in the blanks with the name of the city or geographical feature.

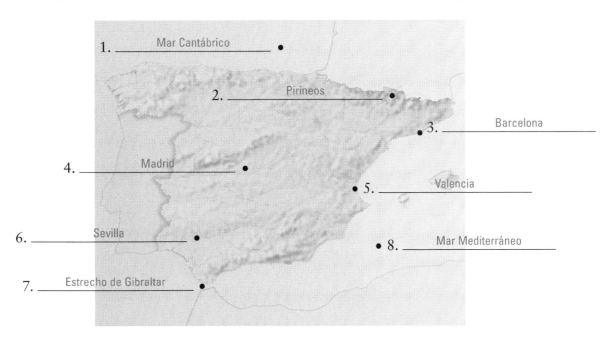

1. _____ Mar Cantábrico
2. _____ Pirineos
3. _____ Barcelona
4. _____ Madrid
5. _____ Valencia
6. _____ Sevilla
7. _____ Estrecho de Gibraltar
8. _____ Mar Mediterráneo

4 **Profesiones** Write each person's occupation.

1. Fernando Alonso: _____ corredor de autos _____

2. Rosa Montero: _____ escritora y periodista _____

3. Pedro Almodóvar: _____ director de cine _____

4. Miguel de Cervantes: _____ escritor _____

5. Paz Vega: _____ actriz _____

6. Diego Velázquez: _____ pintor _____

5 **Palabras cruzadas (*crossed*)** Write one letter on each blank. Then complete the statement, using the new word that is formed.

1. Islas españolas del mar Mediterráneo

2. Español, catalán, gallego, valenciano y euskera

3. José Andrés es dueño (*owner*) de varios

4. Museo español famoso

5. Pintor español famoso

6. Obra más conocida de Diego Velázquez

```
¹B A L E A R E S
²I D I O M A S
³R E S T A U R A N T E S
⁴P R A D O
 J
⁵G O Y A
⁶L A S   M E N I N A S
```

El aeropuerto (*airport*) de Madrid se llama _____ Barajas _____.

6 **Las fotos** Label the object shown in each photo.

1. _____ la paella _____

2. _____ el baile flamenco/el flamenco/ la bailarina de flamenco _____

3. _____ la Sagrada Familia _____

contextos

1 **La familia** Look at the family tree and describe the relationships between these people.

modelo

Eduardo / Concha
Eduardo es el padre de Concha.

1. Juan Carlos y Sofía / Pilar

   Juan Carlos y Sofía son los abuelos de Pilar.

2. Pilar / Ana María y Luis Miguel

   Pilar es la hija de Ana María y Luis Miguel.

3. Eduardo / Raquel

   Eduardo es el esposo de Raquel.

4. José Antonio y Ramón / Concha

   José Antonio y Ramón son los hermanos de Concha.

5. Raquel / Pilar

   Raquel es la tía de Pilar.

6. Concha, José Antonio y Ramón / Pilar

   Concha, José Antonio y Ramón son los primos de Pilar.

7. Ana María / Raquel

   Ana María es la cuñada de Raquel.

8. Joaquín / Ana María y Luis Miguel

   Joaquín es el yerno de Ana María y Luis Miguel.

Lección 3 Contextos Activities   **23**

2 **Diferente** Write the word that does not belong in each group.

1. ingeniera, médica, programadora, periodista, hijastra _hijastra_____

2. cuñado, nieto, yerno, suegra, nuera _nieto_____

3. sobrina, prima, artista, tía, hermana _artista_____

4. padre, hermano, hijo, novio, abuelo _novio_____

5. muchachos, tíos, niños, chicos, hijos _tíos_____

6. amiga, hermanastra, media hermana, madrastra _amiga_____

3 **Crucigrama** Complete this crossword puzzle.

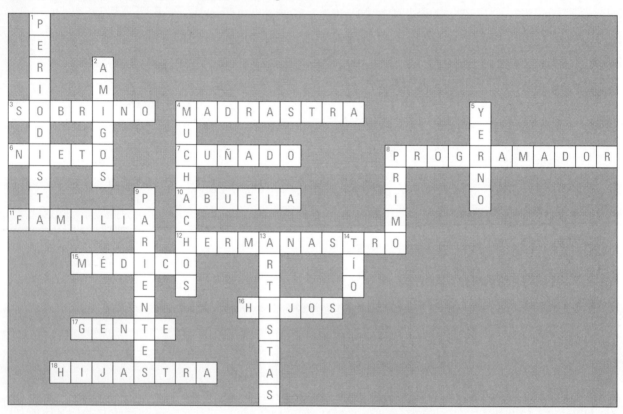

Horizontales

3. el hijo de mi hermano
4. la esposa de mi padre, pero no soy su hijo
6. el hijo de mi hija
7. el esposo de mi hermana
8. hombre que estudió (*studied*) computación
10. la madre de mi padre
11. padre, madre e (*and*) hijos
12. el hijo de mi madrastra, pero no de mi padre
15. doctor
16. tus nietos son los _____ de tus hijos
17. personas en general
18. la hija de mi esposa, pero no es mi hija

Verticales

1. mujer que escribe (*writes*) para el *New York Times*
2. compañeros inseparables
4. chicos
5. el esposo de mi madre es el _____ de mis abuelos
8. el hijo de mi tía
9. abuelos, primos, tíos, etc.
13. Pablo Picasso y Diego Velázquez
14. el hermano de mi madre

estructura

3.1 Descriptive adjectives

1 **¿Cómo son?** Use the adjective in parentheses that agrees with each subject to write descriptive sentences about them.

> **modelo**
> **(gordo, delgada)**
> Lidia: Lidia *es delgada.*
> el novio de Olga: El *novio de Olga es gordo.*

(simpático, guapos, alta)

1. la profesora de historia: La profesora de historia es alta.

2. David y Simón: David y Simón son guapos.

3. el artista: El artista es simpático.

(trabajadora, viejo, rojas)

4. esas (*those*) mochilas: Esas mochilas son rojas.

5. el abuelo de Alberto: El abuelo de Alberto es viejo.

6. la programadora: La programadora es trabajadora.

2 **Descripciones** Complete each sentence with the correct forms of the adjectives in parentheses.

1. Lupe, Rosa y Tomás son _____buenos_____ (bueno) amigos.

2. Ignacio es _____alto_____ (alto) y _____guapo_____ (guapo).

3. Las maletas son _____azules_____ (azul) y _____grandes_____ (grande).

4. Pedro y Vanessa son _____morenos_____ (moreno), pero Diana es _____pelirroja_____ (pelirrojo).

5. Nosotras somos _____inteligentes_____ (inteligente) y _____trabajadoras_____ (trabajador).

6. Esos (*Those*) chicos son _____simpáticos_____ (simpático), pero son _____tontos_____ (tonto).

3 **No** Answer these questions using the adjective with the opposite meaning.

> **modelo**
> ¿Es alta Manuela?
> No, *es baja.*

1. ¿Es antipático don Antonio? No, es simpático.

2. ¿Son morenas las hermanas de Lupe? No, son rubias.

3. ¿Es fea la mamá de Carlos? No, es guapa/bonita.

4. ¿Son viejos los primos de Sofía? No, son jóvenes.

5. ¿Son malos los padres de Alejandro? No, son buenos.

6. ¿Es guapo el tío de Andrés? No, es feo.

Lección 3

4 **Origen y nacionalidad** Read the names and origins of the people in this tour group. Then write sentences saying what city they are from and what their nationalities are.

> modelo
> Álvaro Estrada / Miami, Estados Unidos
> Álvaro Estrada es de Miami. Es estadounidense.

1. Lucy y Lee Hung / Pekín, China Lucy y Lee Hung son de Pekín. Son chinos.

2. Pierre y Marie Lebrun / Montreal, Canadá Pierre y Marie Lebrun son de Montreal. Son canadienses.

3. Luigi Mazzini / Roma, Italia Luigi Mazzini es de Roma. Es italiano.

4. Elizabeth Mitchell / Londres, Inglaterra (*England*) Elizabeth Mitchell es de Londres. Es inglesa.

5. Roberto Morales / Madrid, España Roberto Morales es de Madrid. Es español.

6. Andrés y Patricia Padilla / La Habana, Cuba Andrés y Patricia Padilla son de La Habana. Son cubanos.

7. Paula y Cecilia Robles / San José, Costa Rica Paula y Cecilia Robles son de San José. Son costarricenses.

8. Arnold Schmidt / Berlín, Alemania (*Germany*) Arnold Schmidt es de Berlín. Es alemán.

9. Antoinette y Marie Valois / París, Francia Antoinette y Marie Valois son de París. Son francesas.

10. Marta Zedillo / Guadalajara, México Marta Zedillo es de Guadalajara. Es mexicana.

5 **Completar** Complete each sentence with the correct form of the adjective in parentheses.

(bueno)

1. La clase de matemáticas es muy _____ buena _____.

2. Rogelio es un _____ buen _____ amigo.

3. Agustina compra una _____ buena _____ mochila para (*for*) los libros.

4. Andrés y Guillermo son muy _____ buenos _____ estudiantes.

(malo)

5. Federico es antipático y una _____ mala _____ persona.

6. Ahora es un _____ mal _____ momento para descansar.

7. La comida (*food*) de la cafetería es _____ mala _____.

8. Son unas semanas _____ malas _____ para viajar.

(grande)

9. Hay un _____ gran _____ evento en el estadio hoy.

10. Los problemas en esa (*that*) familia son muy _____ grandes _____.

11. La biblioteca de la escuela es _____ grande _____.

12. La prima de Irma es una _____ gran _____ amiga.

Lección 3

3.2 Possessive adjectives

1 **¿De quién es?** Answer each question affirmatively using the correct possessive adjective.

> **modelo**
> ¿Es tu maleta?
> **Sí, es mi maleta.**

1. ¿Es la calculadora de Adela? Sí, es su calculadora. _____
2. ¿Es mi clase de español? Sí, es tu clase de español. _____
3. ¿Son los papeles de la profesora? Sí, son sus papeles. _____
4. ¿Es el diccionario de tu compañera de clase? Sí, es su diccionario. _____
5. ¿Es tu novia? Sí, es mi novia. _____
6. ¿Son los lápices de ustedes? Sí, son nuestros lápices. _____

2 **Familia** Write the appropriate forms of the possessive adjectives indicated in parentheses.

1. _____Mi_____ (*My*) cuñada, Christine, es francesa.
2. _____Sus_____ (*Their*) parientes están en Costa Rica.
3. ¿Quién es _____tu_____ (*your fam.*) tío?
4. _____Nuestros_____ (*Our*) padres regresan a las diez.
5. Es _____su_____ (*his*) tarea de matemáticas.
6. Linda y María son _____mis_____ (*my*) hijas.
7. ¿Dónde trabaja _____su_____ (*your form.*) esposa?
8. _____Nuestra_____ (*Our*) familia es grande.

3 **Clarificar** Add a prepositional phrase that clarifies to whom each item belongs.

> **modelo**
> ¿Es su libro? (ellos)
> **¿Es el libro de ellos?**

1. ¿Cuál es su problema? (ella)
   ¿Cuál es el problema de ella?
2. Trabajamos con su madre. (ellos)
   Trabajamos con la madre de ellos.
3. ¿Dónde están sus papeles? (ustedes)
   ¿Dónde están los papeles de ustedes?
4. ¿Son sus plumas? (ella)
   ¿Son las plumas de ella?
5. ¿Quiénes son sus compañeros de clase? (él)
   ¿Quiénes son los compañeros de clase de él?
6. ¿Cómo se llaman sus sobrinos? (usted)
   ¿Cómo se llaman los sobrinos de usted?

Lección 3

4 **Posesiones** Write sentences using possessive adjectives to indicate who owns these items.

> *modelo*
> Yo compro un escritorio.
> **Es mi** *escritorio.*

1. Ustedes compran cuatro sillas. Son sus sillas. _____

2. Tú compras una mochila. Es tu mochila. _____

3. Nosotros compramos una mesa. Es nuestra mesa. _____

4. Yo compro una maleta. Es mi maleta. _____

5. Él compra unos lápices. Son sus lápices. _____

6. Ellos compran una calculadora. Es su calculadora. _____

5 **Mi familia** Paula is talking about her family. Complete her description with the correct possessive adjectives.

Somos cinco hermanos. Ricardo, José Luis y Alejandro son (1)_____ mis _____
hermanos. Francisco es (2)_____ mi/nuestro _____ cuñado. Es el esposo de (3)_____ mi/nuestra _____
hermana mayor, Mercedes. Francisco es argentino. (4)_____ Sus _____ papás viven en
Mar del Plata. Vicente es el hijo de (5)_____ mi/nuestro _____ hermano mayor, Ricardo. Él es
(6)_____ mi/nuestro _____ sobrino favorito. (7)_____ Su _____ mamá se llama Isabel y es española.
Ellos viven con (8)_____ su _____ familia en Sevilla. José Luis estudia en Monterrey y vive
con la tía Remedios y (9)_____ sus _____ dos hijos, Carlos y Raquel, (10)_____ mis/nuestros _____
primos. Alejandro y yo vivimos con (11)_____ nuestros _____ papás en Guadalajara. Los papás
de (12)_____ mi/nuestra _____ mamá viven también con nosotros. Alejandro y yo compartimos
(13)_____ nuestros _____ problemas con (14)_____ nuestros _____ abuelos. Ellos son muy buenos.
Y tú, ¿cómo es (15)_____ tu _____ familia?

6 **Preguntas** Answer these questions using possessive adjectives and the words in parentheses.

> *modelo*
> ¿Dónde está tu amiga? (Barcelona)
> **Mi amiga** *está en Barcelona.*

1. ¿Cómo es tu padre? (alto y moreno)

   Mi padre es alto y moreno. _____

2. José, ¿dónde están mis papeles? (en el escritorio)

   Tus/Sus papeles están en el escritorio. _____

3. ¿Cómo es la escuela de Felipe? (pequeña y vieja)

   Su escuela es pequeña y vieja. _____

4. ¿De dónde son los amigos de ustedes? (puertorriqueños)

   Nuestros amigos son puertorriqueños. _____

5. Mami, ¿dónde está mi tarea? (en la mesa)

   Tu tarea está en la mesa. _____

6. ¿Cómo son los hermanos de Pilar? (simpáticos)

   Sus hermanos son simpáticos. _____

Lección 3

3.3 Present tense of -er and -ir verbs

1 **Conversaciones** Complete these conversations with the correct forms of the verbs in parentheses.

(leer)

1. —¿Qué _____lees_____, Ana?

2. —_____Leo_____ un libro de historia.

(vivir)

3. —¿Dónde _____viven_____ ustedes?

4. —Nosotros _____vivimos_____ en Nueva York. ¿Y tú?

(comer)

5. —¿Qué _____comen_____ ustedes?

6. —Yo _____como_____ un sándwich y Eduardo _____come_____ pizza.

(deber)

7. —Profesora, ¿_____debemos_____ abrir nuestros libros ahora?

8. —Sí, ustedes _____deben_____ abrir los libros en la página 87.

(escribir)

9. —¿_____Escribes_____ un libro, Melinda?

10. —Sí, _____escribo_____ un libro de ciencia ficción.

2 **Frases** Write complete sentences using the correct forms of the verbs in parentheses.

1. (nosotros) (Escribir) muchas composiciones en la clase de literatura.

(Nosotros) Escribimos muchas composiciones en la clase de literatura.

2. Esteban y Luisa (aprender) a bailar el tango.

Esteban y Luisa aprenden a bailar el tango.

3. ¿Quién no (comprender) la lección de hoy?

¿Quién no comprende la lección de hoy?

4. (tú) (Deber) comprar un mapa de Quito.

(Tú) Debes comprar un mapa de Quito.

5. Ellos no (recibir) muchos mensajes electrónicos (e-mails) de sus padres.

Ellos no reciben muchos mensajes electrónicos de sus padres.

6. (yo) (Buscar) unas fotos de mis primos.

(Yo) Busco unas fotos de mis primos.

3 **¿Qué verbo es?** Choose the most logical verb to complete each sentence, and write the correct form.

1. Tú _____corres_____ (abrir, correr, decidir) en el parque (park), ¿no?

2. Yo _____asisto_____ (asistir, compartir, leer) a conciertos de Juanes.

3. ¿_____Aprende_____ (aprender, creer, deber) a leer tu sobrino?

4. Yo no _____comprendo_____ (beber, vivir, comprender) la tarea de física.

5. Los estudiantes _____comen_____ (escribir, beber, comer) hamburguesas en la cafetería.

6. Mi esposo y yo _____leemos_____ (decidir, leer, deber) el *Miami Herald*.

Lección 3

4 **Tú y ellos** Rewrite each sentence using the subject in parentheses. Change the verb form and possessive adjectives as needed.

> **modelo**
>
> Carolina no lee sus libros. (nosotros)
> *Nosotros no leemos nuestros libros.*

1. Rubén cree que la lección 3 es fácil. (ellos)

   Ellos creen que la lección 3 es fácil.

2. Mis hermanos aprenden alemán en la escuela. (mi tía)

   Mi tía aprende alemán en la escuela.

3. Aprendemos a hablar, leer y escribir en la clase de español. (yo)

   (Yo) Aprendo a hablar, leer y escribir en la clase de español.

4. Sandra escribe en su diario todos los días (*every day*). (tú)

   (Tú) Escribes en tu diario todos los días.

5. Comparto mis problemas con mis padres. (Víctor)

   Víctor comparte sus problemas con sus padres.

6. Vives en una casa interesante y bonita. (nosotras)

   (Nosotras) Vivimos en una casa interesante y bonita.

5 **Descripciones** Look at the drawings and use these verbs to describe what the people are doing.

| abrir | aprender | comer | leer |

1. Nosotros ___comemos en la cafetería/la mesa.___

2. Yo ___abro una/la ventana.___

3. Mirta ___lee un libro.___

4. Los estudiantes ___aprenden a dibujar.___

Lección 3

3.4 Present tense of **tener** and **venir**

1 Completar Complete these sentences with the correct forms of **tener** and **venir**.

1. ¿A qué hora _____vienen_____ ustedes al estadio?

2. ¿_____Vienes_____ tú a la escuela en autobús?

3. Nosotros _____tenemos_____ una prueba de geografía mañana.

4. ¿Por qué no _____viene_____ Juan a la clase de literatura?

5. Yo _____tengo_____ dos hermanos y mi prima _____tiene_____ tres.

6. ¿_____Tienen_____ ustedes fotos de sus parientes?

7. Mis padres _____tienen_____ unos amigos japoneses.

8. Inés _____viene_____ con su esposo y yo _____vengo_____ con Ernesto.

9. Marta y yo no _____venimos_____ al laboratorio los sábados.

10. ¿Cuántos nietos _____tienes_____ tú?

11. Yo _____tengo_____ la clase de inglés a las once de la mañana.

12. Mis amigos _____vienen_____ a comer a la cafetería hoy.

2 ¿Qué tienen? Rewrite each sentence, using the logical expression with **tener**.

1. Los estudiantes (tienen hambre, tienen miedo de) tomar el examen de química.

   Los estudiantes tienen miedo de tomar el examen de química.

2. Las turistas (tienen sueño, tienen prisa) por llegar al autobús.

   Las turistas tienen prisa por llegar al autobús.

3. Mi madre (tiene cincuenta años, tiene razón) siempre (*always*).

   Mi madre tiene razón siempre.

4. Vienes a la cafetería cuando (tienes hambre, tienes frío).

   Vienes a la cafetería cuando tienes hambre.

5. (Tengo razón, Tengo frío) en la biblioteca porque abren las ventanas.

   Tengo frío en la biblioteca porque abren las ventanas.

6. Rosaura y María (tienen calor, tienen ganas) de mirar la televisión.

   Rosaura y María tienen ganas de mirar la televisión.

7. Nosotras (tenemos cuidado, no tenemos razón) con el sol (*sun*).

   Nosotras tenemos cuidado con el sol.

8. David toma mucha agua cuando (tiene miedo, tiene sed).

   David toma mucha agua cuando tiene sed.

Lección 3

3 **Expresiones con *tener*** Complete each sentence with the correct expression and the appropriate form of **tener**.

tener cuidado	tener miedo	tener mucha suerte	tener que
tener ganas	tener mucha hambre	tener prisa	tener razón

1. Mis sobrinos _____ tienen miedo _____ del perro (*dog*) de mis abuelos.

2. Necesitas _____ tener cuidado _____ con la computadora portátil (*laptop*).

3. Yo _____ tengo que _____ practicar el vocabulario de español.

4. Lola y yo _____ tenemos ganas _____ de escuchar música latina.

5. Anita cree que (*that*) dos más dos son cinco. Ella no _____ tiene razón _____.

6. Ganas (*You win*) cien dólares en la lotería. Tú _____ tienes (mucha) suerte _____.

Síntesis

Tus parientes Choose an interesting relative of yours and write a description of that person. Use possessive adjectives, descriptive adjectives, the present tense of **tener** and **venir**, the present tense of **-er** and **-ir** verbs, and lesson vocabulary to answer these questions in your description. Answers will vary.

- ¿Quién es?
- ¿Cómo es?
- ¿De dónde viene?
- ¿Cuántos hermanos/primos/hijos... tiene?
- ¿Cómo es su familia?
- ¿Dónde vive?
- ¿Cuántos años tiene?
- ¿De qué tiene miedo?

_____

_____

_____

_____

_____

_____

_____

_____

_____

_____

_____

_____

panorama

Ecuador

1 **¿Cierto o falso?** Indicate whether the statements are **cierto** or **falso**. Correct the false statements.

1. Ecuador tiene aproximadamente el área de Rhode Island.

    Falso. Ecuador tiene aproximadamente el área de Colorado.

2. Panamá y Chile limitan con (*border*) Ecuador.

    Falso. Colombia y Perú limitan con el Ecuador.

3. Las islas Galápagos están en el océano Pacífico.

    Cierto.

4. Quito está en la cordillera de los Andes.

    Cierto.

5. Todos (*All*) los ecuatorianos hablan lenguas indígenas.

    Falso. Aproximadamente 4.000.000 de ecuatorianos hablan lenguas indígenas.

6. Rosalía Arteaga es novelista y pintora.

    Falso. Rosalía Arteaga es abogada, política y ex vicepresidenta.

7. Hay volcanes activos en Ecuador.

    Cierto.

8. Oswaldo Guayasamín fue un novelista ecuatoriano famoso.

    Falso. Oswaldo Guayasamín fue un muralista y escultor ecuatoriano famoso.

2 **El mapa de Ecuador** Fill in the blanks on this map with the correct geographical names.

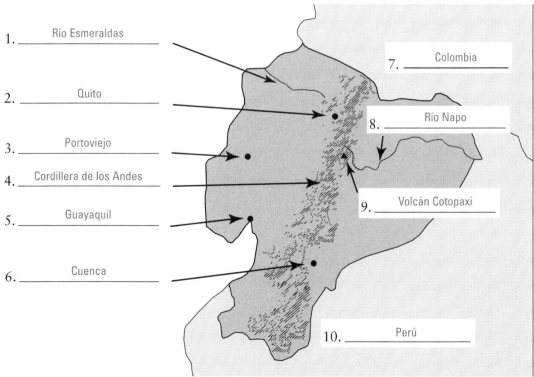

1. Río Esmeraldas

2. Quito

3. Portoviejo

4. Cordillera de los Andes

5. Guayaquil

6. Cuenca

7. Colombia

8. Río Napo

9. Volcán Cotopaxi

10. Perú

Lección 3 Panorama Activities   **33**

3 | **Fotos de Ecuador** Label the place shown in each photograph.

1. ____ ciudad de Quito y Cordillera de los Andes ____

2. ____ volcán Cotopaxi ____

3. ____ catedral de Guayaquil ____

4 | **Descripción de Ecuador** Answer these questions using complete sentences.

Answers will vary. Suggested answers:

1. ¿Cómo se llama la moneda de Ecuador?

La moneda de Ecuador se llama dólar.

2. ¿Qué idiomas hablan los ecuatorianos?

Los ecuatorianos hablan español, quichua y otras lenguas indígenas.

3. ¿Por qué son las islas Galápagos un verdadero tesoro ecológico?

Las islas Galápagos son un verdadero tesoro ecológico porque sus plantas y animales son únicos.

4. ¿Por qué vienen muchos turistas a Ecuador?

Muchos turistas vienen para visitar las islas Galápagos.

5. ¿Cómo es el estilo artístico de Guayasamín?

El estilo artístico de Guayasamín es expresivo.

6. ¿Qué es la Mitad del Mundo?

La Mitad del Mundo es un monumento y es un destino turístico muy popular.

7. ¿Qué deportes puedes hacer (*can you do*) en los Andes?

Puedes hacer trekking y escalar montañas.

8. ¿Dónde viven las tortugas gigantes?

Las tortugas gigantes viven en las islas Galápagos.

repaso **Lecciones 1–3**

1

¿Ser o estar? Complete each sentence with the correct form of **ser** or **estar**.

1. Los abuelos de Maricarmen _____ son _____ de España.

2. La cafetería de la escuela _____ está _____ cerca del estadio.

3. Gerónimo y Daniel _____ son _____ estudiantes de la Escuela Verdaguer.

4. —Hola, Gabriel. _____ Soy _____ María. ¿Cómo _____ estás _____?

5. El cuaderno de español _____ está _____ debajo del libro de química.

6. Victoria no viene a clase hoy porque _____ está _____ enferma.

2

¿Quiénes son? Read the clues and complete the chart. Write out the numbers.

1. La persona de los Estados Unidos tiene 32 años.
2. David es de Canadá.
3. La programadora no es la persona de Cuba.
4. El conductor tiene 45 años.
5. Gloria es artista.
6. La médica tiene 51 años.
7. La persona de España tiene ocho años menos que el conductor.
8. Ana es programadora.

Nombre	Profesión	Edad (*Age*)	Nacionalidad
Raúl	estudiante	diecinueve	mexicano
Carmen	médica	cincuenta y uno	cubana
Gloria	artista	treinta y dos	estadounidense
David	conductor	cuarenta y cinco	canadiense
Ana	programadora	treinta y siete	española

3

Oraciones Form complete sentences using the words provided. Write out the words for numbers.

1. ¿cómo / estar / usted, / señora Rodríguez?
   ¿Cómo está usted, señora Rodríguez?

2. estudiante / llegar / grande / biblioteca / 5:30 p.m.
   El/La estudiante llega a la gran biblioteca a las cinco y media/treinta de la tarde.

3. hay / 15 / cuadernos / sobre / escritorio
   Hay quince cuadernos sobre el escritorio.

4. nieto / Inés / aprender / español / escuela
   El nieto de Inés aprende español en la escuela.

5. conductora / autobús / no / ser / antipático
   La conductora del autobús no es antipática.

6. abuelo / Lisa / tener / 72 / años
   El abuelo de Lisa tiene 72 años.

4 **Preguntas** Write sentences with the words provided. Then make each statement into a question.

1. clase de contabilidad / ser / 11:45 a.m.

La clase de contabilidad es a las doce menos cuarto/quince de la mañana. ¿Es a las doce menos cuarto/quince de la

mañana la clase de contabilidad?/¿Es la clase contabilidad a las doce menos cuarto/quince de la mañana?

2. su tía / favorito / tener / 35 años

Su tía favorita tiene treinta y cinco años. ¿Tiene treinta y cinco años su tía favorita?/¿Tiene su tía favorita treinta

y cinco años?

3. tu profesor / biología / ser / México

Tu profesor de biología es de México. ¿Es de México tu profesor de biología?/¿Es tu profesor de biología de México?

4. biblioteca / estar / cerca / cafetería

La biblioteca está cerca de la cafetería. ¿Está cerca de la cafetería la biblioteca?/¿Está la biblioteca cerca de

la cafetería?

5 **Los países** Complete these sentences with information from the **Panorama** sections.

1. En Miami, hay un barrio cubano que se llama la _____Pequeña Habana_____.

2. Las personas de origen _____mexicano_____ son el grupo hispano más grande en los EE.UU.

3. Las islas Baleares y las islas Canarias son parte de _____España_____.

4. La lengua indígena que más se habla en Ecuador es el _____quichua_____.

6 **Tu familia** Imagine that these people are your relatives. Choose one and write several sentences about that person. First, say where the person is located in the photo. Include this information: name, relationship to you, profession, age, and place of origin. Describe the person and his or her activities using the adjectives and verbs you have learned. Answers will vary.

_____

_____

_____

_____

contextos

1 **Los deportes** Name the sport associated with each object. Include the definite article.

1. _____ el tenis _____

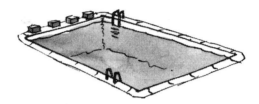

2. _____ la natación _____

3. _____ el golf _____

4. _____ el ciclismo _____

5. _____ el esquí _____

6. _____ el fútbol americano _____

2 **Una es diferente** Write the word that does not belong in each group.

1. pasatiempo, diversión, ratos libres, trabajar _____ trabajar _____

2. patinar, descansar, esquiar, nadar, bucear _____ descansar _____

3. baloncesto, películas, fútbol, tenis, vóleibol _____ películas _____

4. museo, equipo, jugador, partido, pelota _____ museo _____

5. correo electrónico, revista, periódico, tenis _____ tenis _____

6. cine, deportivo, gimnasio, piscina, restaurante _____ deportivo _____

Nombre _____   Fecha _____

3 **¿Qué son?** Write each of these words in the appropriate column in the chart.

andar en patineta	fútbol	montaña
baloncesto	gimnasio	natación
béisbol	jugar un videojuego	pasear
centro	leer una revista	restaurante

Deportes	*Lugares*	*Actividades*
baloncesto	centro	andar en patineta
béisbol	gimnasio	jugar un videojuego
fútbol	montaña	leer una revista
natación	restaurante	pasear

4 **El fin de semana** Esteban is a very active young man. Complete the paragraph about his weekend with the appropriate words from the word bank.

Esteban

el centro	el monumento	una pelota
el cine	un museo	el periódico
deportes	la natación	la piscina
el gimnasio	el partido	un restaurante

Siempre leo (1)_____el periódico_____ los domingos por la mañana. Después, me gusta practicar

(2)_____deportes_____. A veces, nado en (3)_____la piscina_____ que hay en el parque.

Cuando no nado, hago ejercicio (*exercise*) en (4)_____el gimnasio_____. Cuando hay mucho

tráfico en (5)_____el centro_____, voy al gimnasio en bicicleta.

Cuando no como en casa, como en (6)_____un restaurante_____ con mis amigos, y luego nosotros

podemos ver (7)_____el partido_____ de béisbol. Algunos días, veo películas. Me gusta más ver

películas en (8)_____el cine_____ que en mi casa.

estructura

4.1 Present tense of **ir**

1 **Vamos a la escuela** Complete the paragraph with the correct forms of **ir**.

Alina, Cristina y yo somos buenas amigas. (*Nosotras*) (1)_____Vamos_____ a la escuela a las

siete de la manaña todos los días (*every day*). Mis amigas y yo (2)_____vamos_____ al

centro de computación y leemos el correo electrónico. A las ocho Alina y Cristina

(3)_____van_____ a su clase de matemáticas y yo (4)_____voy_____ a mi clase

de historia. Luego (*Afterwards*), yo (5)_____voy_____ a mis clases de inglés y matemáticas. A

las doce (yo) (6)_____voy_____ a la cafetería y como con ellas. Luego, Alina y yo

(7)_____vamos_____ a practicar deportes. Yo (8)_____voy_____ a practicar fútbol y

Alina (9)_____va_____ a practicar baloncesto. Cristina (10)_____va_____ a su

clase de inglés. Los fines de semana Alina, Cristina y yo (11)_____vamos_____ al cine.

2 **Los planes** Mr. Díaz wants to make sure he knows about everything that is going on. Answer his
questions in complete sentences using the words in parentheses.

1. ¿Adónde van Marissa y Felipe? (pasear por la ciudad)

   Marissa y Felipe van a pasear por la ciudad.

2. ¿Cuándo van a correr los chicos? (noche)

   Los chicos van a correr por la noche.

3. ¿A qué hora van al Bosque de Chapultepec? (a las dos y media)

   Van/Vamos al Bosque de Chapultepec a las dos y media.

4. ¿Cuándo van a ir a la playa? (martes)

   Van/Vamos a ir a la playa el martes.

5. ¿Qué va a hacer Jimena en el parque? (leer un libro)

   Jimena va a leer un libro.

6. ¿Qué va a hacer Felipe en el parque? (jugar al fútbol)

   Felipe va a jugar al fútbol.

Lección 4 Estructura Activities **39**

3 **Conversación** Complete this conversation with the correct forms of **ir**.

ELENA ¡Hola, Daniel! ¿Qué tal?

DANIEL Muy bien, gracias. ¿Y tú?

ELENA Muy bien. ¿Adónde (1)_____ vas _____ ahora?

DANIEL (2)_____ Voy _____ al cine a ver una película. ¿Quieres (3)_____ ir _____ conmigo?

ELENA No, gracias. Tengo mucha prisa ahora. (4)_____ Voy _____ al museo de arte.

DANIEL ¿Y adónde (5)_____ vas _____ hoy por la noche?

ELENA Mi amiga Marta y yo (6)_____ vamos _____ a comer en un restaurante italiano.

¿Quieres (7)_____ ir _____ con nosotras?

DANIEL ¡Sí! ¿Cómo (8)_____ van _____ ustedes al restaurante?

ELENA (9)_____ Vamos _____ en autobús. Hay un autobús que (10)_____ va _____

directamente al barrio (*neighborhood*) italiano.

DANIEL ¿A qué hora (11)_____ van _____ ustedes?

ELENA Creo que (12)_____ vamos _____ a llegar al restaurante a las siete.

DANIEL ¿Desean (13)_____ ir _____ a jugar al béisbol luego (*afterwards*)?

ELENA ¡Sí!

DANIEL (14)_____ Voy _____ a invitar a nuestro amigo Pablo también. ¡Nos vemos a las siete!

ELENA ¡Chau, Daniel!

4 **¡Vamos!** Víctor is planning a weekend with his friends. Combine elements from each column to describe what everyone is going to do. Use the correct verb forms. Answers will vary.

ustedes	ver películas	el domingo
nosotros	ir al estadio de fútbol	el fin de semana
Víctor	tomar el sol	al mediodía
Claudio y su primo	visitar monumentos	a las tres
tú	pasear por el parque	por la noche
yo	comer en el restaurante	por la mañana

_____

_____

_____

_____

_____

_____

_____

_____

4.2 Stem-changing verbs: **e:ie, o:ue**

1 **¿Qué hacen?** Write complete sentences using the cues provided.

1. Vicente y Francisco / jugar / al vóleibol los domingos

Vicente y Francisco juegan al vóleibol los domingos.

2. Adela y yo / empezar / a tomar clases de tenis

Adela y yo empezamos a tomar clases de tenis.

3. ustedes / volver / de Cancún el viernes

Ustedes vuelven de Cancún el viernes.

4. los jugadores de béisbol / recordar / el partido importante

Los jugadores de béisbol recuerdan el partido importante.

5. la profesora / mostrar / las palabras del vocabulario

La profesora muestra las palabras del vocabulario.

6. Adán / preferir / escalar la montaña de noche

Adán prefiere escalar la montaña de noche.

7. (yo) / entender / el plan de estudios

Entiendo el plan de estudios.

8. (tú) / cerrar / los libros y te vas a dormir

Cierras los libros y te vas a dormir.

2 **Quiero ir** Alejandro wants to go on a hike with his friends, but Gabriela says he doesn't have time. Write the correct forms of the verbs in parentheses.

ALEJANDRO ¿(1)_____Puedo_____ (poder) ir a la excursión con ustedes? Aunque (*Although*) tengo que volver a mi casa a las tres.

GABRIELA No, no (2)_____puedes_____ (poder) venir. Nosotros (3)_____pensamos_____ (pensar) salir a las doce.

ALEJANDRO Yo (4)_____quiero_____ (querer) ir. ¿(5)_____Pueden_____ (poder) ustedes volver a las dos?

GABRIELA No, tú tienes que comprender: Nosotros no (6)_____volvemos_____ (volver) a las dos. Nosotros (7)_____preferimos_____ (preferir) estar más tiempo en el pueblo.

ALEJANDRO Bueno, ¿a qué hora (8)_____piensan_____ (pensar) regresar?

GABRIELA Yo no (9)_____pienso_____ (pensar) volver hasta las cinco o las seis de la tarde.

3 **No, no quiero** Answer these questions negatively, using complete sentences.

> **modelo**
>
> ¿Puedes ir a la biblioteca a las once?
> No, no puedo ir a la biblioteca a las once.

1. ¿Quieren ustedes patinar en línea con nosotros?

   No, no queremos patinar en línea con ustedes.

2. ¿Recuerdan ellas los libros que necesitan?

   No, (ellas) no recuerdan los libros que necesitan.

3. ¿Prefieres jugar al fútbol a nadar en la piscina?

   No, no prefiero jugar al fútbol a nadar en la piscina.

4. ¿Duermen tus sobrinos en casa de tu abuela?

   No, mis sobrinos no duermen en casa de mi abuela.

5. ¿Juegan ustedes al baloncesto en la escuela?

   No, no jugamos al baloncesto en la escuela.

6. ¿Piensas que la clase de química es difícil?

   No, no pienso que la clase de química es difícil.

7. ¿Encuentras el programa de computadoras en la librería?

   No, no encuentro el programa de computadoras en la librería.

8. ¿Vuelven ustedes a casa a las seis?

   No, no volvemos a casa a las seis.

9. ¿Puedo tomar el autobús a las ocho de la noche?

   No, no puedes tomar el autobús a las ocho de la noche.

10. ¿Entendemos la tarea de literatura?

    No, no entienden/entendemos la tarea de literatura.

4 **Mensaje electrónico** Complete this e-mail message with the correct form of the logical verb. Use each verb once.

dormir
empezar
entender
jugar
pensar
poder
preferir
querer
volver

Para Daniel Moncada	De Paco	Asunto Saludo

Hola, Daniel. Estoy con Mario en la biblioteca. Los exámenes
(1)___empiezan___ mañana. Por las noches Mario y yo no (2)___dormimos___
mucho porque tenemos que estudiar. Tú (3)___entiendes___ cómo estamos,
¿no? Yo (4)___pienso___ que los exámenes serán (*will be*) muy difíciles.
Tengo muchas ganas de volver al pueblo este verano. Cuando
(5)___vuelvo___ al pueblo puedo descansar. Yo (6)___prefiero___ el
pueblo a la ciudad. (7)___Quiero___ terminar los exámenes y empezar
las vacaciones. Si (*If*) mis padres compran pasajes (*tickets*) de autobús,
(8)___podemos___ pasar el fin de semana contigo. Mario y yo
(9)___jugamos___ al fútbol en nuestros ratos libres.

Nos vemos,
Paco

4.3 Stem-changing verbs: **e:i**

1   **En el cine** Amalia and her brothers are going to the movies. Complete the story using the correct form of the verb provided.

1. Al entrar al cine, mis hermanos _____ piden _____ (pedir) una soda.

2. Mis hermanos _____ dicen _____ (decir) que prefieren las películas de acción.

3. Nosotros _____ pedimos _____ (pedir) ver la película de las seis y media.

4. Mis hermanos y yo _____ conseguimos _____ (conseguir) entradas (*tickets*) para estudiantes.

5. Yo _____ repito _____ (repetir) el diálogo para mis hermanos.

6. Mis hermanos son pequeños y no _____ siguen _____ (seguir) bien la trama (*plot*) de la película.

2   **Conversaciones** Complete these conversations with the correct form of the verbs in parentheses.

(pedir)

1. —¿Qué _____ pides _____ en la biblioteca, José?

2. — _____ Pido _____ un libro que necesito para el examen.

(conseguir)

3. —¿Dónde _____ consiguen _____ ustedes las entradas (*tickets*) para los partidos de fútbol?

4. —Nosotros _____ conseguimos _____ las entradas en una oficina de la escuela.

(repetir)

5. —¿Quién _____ repite _____ la excursión?

6. —Yo _____ repito _____, me gusta mucho ese pueblo.

(seguir)

7. —¿Qué equipo _____ siguen _____ Manuel y Pedro?

8. —Pedro _____ sigue _____ a los Red Sox y Manuel _____ sigue _____ a los Yankees de Nueva York.

3   **¿Qué haces?** Imagine that you are writing in your diary. Choose at least five of these phrases and describe what you do on any given day. You should add any details you feel are necessary.

Answers will vary.

conseguir hablar español	pedir una pizza
conseguir el periódico	repetir una pregunta
pedir un libro	seguir las instrucciones

_____

_____

_____

_____

_____

Lección 4

4 **La película** Read the paragraph. Then answer the questions using complete sentences.

Gastón y Lucía leen el periódico y deciden ir al cine. Un crítico dice que *Una noche en el centro* es buena. Ellos siguen la recomendación. Quieren conseguir entradas (*tickets*) para estudiantes, que son más baratas. Para conseguir entradas para estudiantes, deben ir a la oficina de la escuela antes de las seis de la tarde. La oficina cierra a las seis. Ellos corren para llegar a tiempo. Cuando ellos llegan, la oficina está cerrada y la secretaria está afuera (*outside*). Ellos le piden un favor a la secretaria. Explican que no tienen mucho dinero y necesitan entradas para estudiantes. La secretaria sonríe (*smiles*) y dice: "Está bien, pero es la última vez (*last time*)". Answers will vary. Suggested answers:

1. ¿Qué deciden hacer Gastón y Lucía?

   Ellos deciden ir al cine.

2. ¿De quién siguen la recomendación?

   Siguen la recomendación de un crítico.

3. ¿Por qué Gastón y Lucía quieren conseguir entradas para estudiantes?

   Ellos quieren conseguir entradas para estudiantes porque son más baratas./Porque son más baratas.

4. ¿Cómo y cuándo pueden conseguir entradas para estudiantes?

   Pueden conseguir entradas para estudiantes antes de las seis de la tarde en la oficina de la escuela./Pueden conseguir entradas para estudiantes en la oficina de la escuela antes de las seis de la tarde.

5. ¿Qué ocurre cuando llegan a la oficina de la escuela?

   Cuando llegan a la oficina de la escuela, la oficina está cerrada./La oficina está cerrada./La oficina está cerrada y la secretaria está afuera.

6. ¿Qué le piden a la secretaria? ¿Crees que ellos consiguen las entradas?

   Le piden las entradas a la secretaria. Creo que ellos sí consiguen las entradas.

   _____

5 **Preguntas** Answer these questions, using complete sentences.

1. ¿Cómo consigues buenas calificaciones (*grades*)? Answers will vary.

   _____

2. ¿Dónde pides pizza?

   _____

3. ¿Sigues a algún (*any*) equipo deportivo? ¿A cuál(es)?

   _____

4. ¿Qué dicen tus padres si no consigues buenas calificaciones?

   _____

5. ¿Qué programas repiten en la televisión?

   _____

4.4 Verbs with irregular **yo** forms

1 **Hago muchas cosas** Complete each sentence by choosing the best verb and writing its correct form.

1. (Yo) _____Oigo_____ un disco de música latina. (oír, suponer, salir)

2. (Yo) _____Pongo_____ la hamburguesa y la soda sobre la mesa. (poner, oír, suponer)

3. (Yo) _____Hago_____ la tarea porque hay un examen mañana. (salir, hacer, suponer)

4. (Yo) _____Traigo_____ a mi sobrina a mi clase de baile. (traer, salir, hacer)

5. (Yo) _____Veo_____ una película sobre un gran equipo de béisbol. (salir, suponer, ver)

6. (Yo) _____Salgo_____ a bailar los jueves por la noche. (ver, salir, traer)

7. (Yo) _____Supongo_____ que la película es buena, pero no estoy seguro (*sure*). (oír, ver, suponer)

8. (Yo) _____Traigo_____ mi computadora portátil (*laptop*) a clase en la mochila. (traer, salir, hacer)

2 **Completar** Complete these sentences with the correct verb. Use each verb in the **yo** form once.

hacer	suponer
oír	traer
salir	ver

1. _____Salgo_____ para la clase a las dos.

2. Los martes _____traigo_____ mi computadora portátil a la escuela.

3. _____Supongo_____ que me gusta trabajar los sábados por la mañana.

4. Por las mañanas, _____oigo_____ música en la radio.

5. Cuando tengo hambre, _____hago_____ un sándwich.

6. Para descansar, _____veo_____ películas en la televisión.

3 **Preguntas** Answer these questions, using complete sentences. Answers will vary.

1. ¿Adónde sales con tus amigos/as?

_____

2. ¿Ves partidos de béisbol todos los fines de semana?

_____

3. ¿Oyes música clásica?

_____

4. ¿Traes una computadora portátil a clase?

_____

5. ¿Cómo supones que va a ser el examen de español?

_____

6. ¿Cuándo sales a comer?

_____

4   **La descripción**   Read this description of Marisol. Then imagine that you are Marisol, and write a description of yourself based on the information you read. The first sentence has been done for you.

Marisol es estudiante de la escuela Central. Hace sus tareas todas (*every*) las tardes y sale con sus amigas a pasear por la ciudad. Los fines de semana, Marisol va a casa de sus abuelos a descansar, pero (*but*) trae sus libros. En los ratos libres, oye música o ve una película en el cine. Si hay un partido de fútbol, Marisol pone la televisión y ve los partidos con su papá. Hace algo (*something*) de comer y pone la mesa (*sets the table*).

Soy estudiante de la escuela Central. Hago mis tareas todas las tardes y salgo con mis amigas a pasear por la ciudad. Los fines de semana, voy a casa de mis abuelos a descansar, pero traigo mis libros. En los ratos libres, oigo música o veo una película en el cine. Si hay un partido de fútbol, pongo la televisión y veo los partidos con mi papá. Hago algo de comer y pongo la mesa.

_____

_____

_____

_____

_____

Síntesis

Interview a classmate about his or her pastimes, weekend activities, and favorite sports. Use these questions as guidelines, and prepare several more before the interview. Then, write up the interview in a question-and-answer format, faithfully reporting your classmate's responses. Use lesson vocabulary, stem-changing verbs, and the present tense of **ir**. Answers will vary.

- ¿Cuáles son tus pasatiempos? ¿Dónde los practicas?

- ¿Cuál es tu deporte favorito? ¿Practicas ese (*that*) deporte? ¿Eres un(a) gran aficionado/a? ¿Tu equipo favorito pierde muchas veces? ¿Quién es tu jugador(a) favorito/a?

- ¿Adónde vas los fines de semana? ¿Qué piensas hacer este (*this*) viernes?

- ¿Duermes mucho los fines de semana? ¿A qué hora vuelves a casa?

_____

_____

_____

_____

_____

_____

panorama

México

1 **Palabras** Use the clues to put the letters in order.

1. MGEÓINARIC _emigración_____
   resultado de la proximidad geográfica de México y los EE.UU.

2. ÍAD ED RMOTESU _Día de Muertos_____
   celebración en honor a las personas muertas

3. ALUJDAAAGRA _Guadalajara_____
   ciudad número dos de México en población

4. ONETBI RZUEÁJ _Benito Juárez_____
   héroe nacional de México

5. CÁUNYAT _Yucatán_____
   península mexicana

6. ARSISTUT _turistas_____
   el D.F. atrae a miles de ellos

7. RADIF OKLAH _Frida Kahlo_____
   la esposa de Diego Rivera

8. NGADORU _Durango_____
   estado mexicano que produce mucha plata

2 **¿Cierto o falso?** Indicate if each statement is **cierto** or **falso**. Then correct the false statements.

1. El área de México es casi dos veces el área de Texas.
   Falso. El área de México es casi tres veces el área de Texas.

2. Octavio Paz era *(was)* un célebre periodista y narrador mexicano.
   Falso. Octavio Paz era un célebre poeta mexicano.

3. La geografía de México influye en aspectos económicos y sociales.
   Cierto.

4. No hay mucho crecimiento en la población del D.F.
   Falso. Hay mucho crecimiento de la población del D.F./El crecimiento de la población es de los más altos del mundo.

5. Frida Kahlo y Diego Rivera eran *(were)* escritores.
   Falso. Frida Kahlo y Diego Rivera eran pintores.

6. El fin del imperio azteca comenzó *(started)* con la llegada *(arrival)* de los españoles en 1519.
   Cierto.

7. Los turistas van a Guadalajara a ver las ruinas de Tenochtitlán.
   Falso. Los turistas van al D.F. a ver las ruinas de Tenochtitlán.

8. México es el mayor productor de plata en el mundo.
   Cierto.

3

Completar Complete these sentences with the correct words.

1. México está localizado geográficamente al _____ sur _____ de los Estados Unidos.

2. Hoy en día hay ____ más de 30 millones ____ de personas de ascendencia mexicana en los Estados Unidos.

3. Los idiomas que se hablan en México son el español, el _____ náhuatl _____ y otras lenguas indígenas.

4. Frida Kahlo, esposa del artista _____ Diego Rivera _____, es conocida por sus autorretratos (*self-portraits*).

5. El imperio _____ azteca _____ dominó México del siglo (*century*) XIV al siglo XVI.

6. El Día de Muertos se celebra en los _____ cementerios _____.

4

¿Qué hacen? Write sentences using these cues and adding what you learned in **Panorama**.

1. la tercera (*third*) ciudad de México en población / ser

   La tercera ciudad de México en población es Monterrey.

2. la moneda mexicana / ser

   La moneda mexicana es el peso mexicano.

3. el Distrito Federal / atraer (*to attract*)

   El Distrito Federal atrae a muchos turistas e inmigrantes.

4. muchos turistas / ir a ver las ruinas de

   Muchos turistas van a ver las ruinas de Tenochtitlán.

5. el D.F. / tener una población mayor que las de

   El D.F. tiene una población mayor que las de Nueva York, Madrid o París.

6. tú / poder / ver / las obras de Diego Rivera y Frida Kahlo en

   Tú puedes ver las obras de Diego Rivera y Frida Kahlo en el Museo de Arte Moderno de la Ciudad de México.

5

Preguntas Answer these questions in complete sentences.

1. ¿Cuáles son las cinco ciudades más importantes de México?

   Las cinco ciudades más importantes de México son la Ciudad de México, Guadalajara, Monterrey, Puebla y Ciudad Juárez.

2. ¿Quiénes son seis mexicanos célebres?

   Seis mexicanos célebres son Benito Juárez, Octavio Paz, Elena Poniatowska, Julio César Chávez, Frida Kahlo y Diego Rivera.

3. ¿Qué países hacen frontera (*border*) con México?

   Los Estados Unidos, Belice y Guatemala hacen frontera con México.

4. ¿Cuál es un río importante de México?

   El Río Bravo del Norte es un río importante de México.

5. ¿Cuáles son dos sierras importantes de México?

   Dos sierras importantes de México son la Sierra Madre Oriental y la Sierra Madre Occidental.

6. ¿Qué ciudad mexicana importante está en la frontera con los EE.UU.?

   Ciudad Juárez es una ciudad mexicana importante que está en la frontera con los EE.UU.

7. ¿En qué siglo fue (*was*) fundada la Ciudad de México?

   La Ciudad de México fue fundada en el siglo dieciséis.

contextos

1   **Viajes** Complete these sentences with the logical words.

1. Una persona que tiene una habitación en un hotel es <u>un huésped</u>.

2. El lugar donde los pasajeros esperan el tren es <u>la estación de tren</u>.

3. Para viajar en avión, tienes que ir <u>al aeropuerto</u>.

4. Antes de entrar (*enter*) en el avión, tienes que mostrar <u>el pasaje/el equipaje</u>.

5. La persona que trabaja en la recepción del hotel es <u>el/la botones</u>.

6. Para planear (*plan*) tus vacaciones, puedes ir a <u>una agencia de viajes</u>.

7. El/la agente de viajes puede confirmar <u>una reservación</u>.

8. Para subir a tu habitación, tomas <u>el ascensor</u>.

9. Para abrir la puerta de la habitación, necesitas <u>una llave</u>.

10. Cuando una persona entra a otro país, tiene que mostrar <u>el pasaporte</u>.

2   **De vacaciones** Complete this conversation with the logical words.

aeropuerto	equipaje	llegada	playa
agente de viajes	habitación	pasajes	sacar fotos
cama	hotel	pasaportes	salida
confirmar	llave	pasear	taxi

ANTONIO ¿Llevas todo (*everything*) lo que vamos a necesitar para el viaje, Ana?

ANA Sí. Llevo los (1)_____ pasajes _____ de avión. También llevo
los (2)_____ pasaportes _____ para entrar (*enter*) a Costa Rica.

ANTONIO Y yo tengo el (3)_____ equipaje _____ con todas (*all*) nuestras cosas.

ANA ¿Tienes la cámara para (4)_____ sacar fotos _____?

ANTONIO Sí, está en mi mochila.

ANA ¿Vamos al (5)_____ aeropuerto _____ en metro?

ANTONIO No, vamos a llamar un (6)_____ taxi _____. Nos lleva directamente al aeropuerto.

ANA Voy a llamar al aeropuerto para (7)_____ confirmar _____ la reservación.

ANTONIO La (8)_____ agente de viajes _____ dice que está confirmada ya (*already*).

ANA Muy bien. Tengo muchas ganas de (9)_____ pasear _____ por Puntarenas.

ANTONIO Yo también. Quiero ir a la (10)_____ playa _____ y nadar en el mar.

ANA ¿Cuál es la hora de (11)_____ llegada _____ al aeropuerto de San José?

ANTONIO Llegamos a las tres de la tarde y vamos directamente al (12)_____ hotel _____.

Lección 5 Contextos Activities |

3 **Los meses** Write the appropriate month next to each description or event.

1. el Día de San Valentín _____ febrero _____   4. el Día de las Madres _____ mayo _____

2. el tercer mes del año _____ marzo _____   5. el séptimo mes del año _____ julio _____

3. el Día de Fin (*End*) de Año _____ diciembre _____   6. el Día de Año Nuevo (*New*) _____ enero _____

4 **Las estaciones** Answer these questions using complete sentences.

1. ¿Qué estación sigue al invierno? La primavera sigue al invierno.

2. ¿En qué estación va mucha gente a la playa? Mucha gente va a la playa en el verano./En el verano mucha gente va a la playa.

3. ¿En qué estación empiezan las clases? Las clases empiezan en el otoño./En el otoño empiezan las clases.

5 **El tiempo** Answer these questions with complete sentences based on the weather map.

1. ¿Hace buen tiempo en Soria? Sí, en Soria hace buen tiempo/hace sol y viento.

2. ¿Llueve en Teruel? No, en Teruel está soleado/hace sol/hace buen tiempo.

3. ¿Hace sol en Girona? No, en Girona llueve/hace mal tiempo.

4. ¿Está nublado en Murcia? No, en Murcia está soleado/hace sol/hace buen tiempo.

5. ¿Nieva en Cáceres? No, en Cáceres hace sol/está soleado/hace buen tiempo.

6. ¿Qué tiempo hace en Salamanca? En Salamanca está soleado/hace sol/hace buen tiempo.

7. ¿Hace viento cerca de Castellón? Sí, hace viento cerca de Castellón.

8. ¿Qué tiempo hace en Almería? En Almería está soleado/hace sol/hace buen tiempo.

9. ¿Está nublado en Las Palmas? No, en Las Palmas está soleado/hace buen tiempo/hace sol.

10. ¿Hace buen tiempo en Lleida? No, en Lleida hace mal tiempo/llueve.

estructura

5.1 Estar with conditions and emotions

1 **¿Por qué?** Choose the best phrase to complete each sentence.

1. José Miguel está cansado porque...
   a.) trabaja mucho.
   b. su familia lo quiere.
   c. quiere ir al cine.

2. Los viajeros están preocupados porque...
   a. es la hora de comer.
   b.) va a pasar un huracán (*hurricane*).
   c. estudian matemáticas.

3. Maribel y Claudia están tristes porque...
   a.) nieva mucho y no pueden salir.
   b. van a salir a bailar.
   c. sus amigos son simpáticos.

4. Los estudiantes están equivocados porque...
   a. estudian mucho.
   b. pasean en bicicleta.
   c.) su respuesta es incorrecta.

5. Laura está enamorada porque...
   a. tiene que ir a la biblioteca.
   b.) su novio es simpático, inteligente y guapo.
   c. sus amigas ven una película.

6. Mis abuelos están felices porque...
   a.) vamos a pasar el verano con ellos.
   b. mucha gente toma el sol.
   c. el autobús no llega.

2 **Completar** Complete these sentences with the correct forms of **estar** and the conditions or emotions from the list.

abierto	cerrado	desordenado	sucio
aburrido	cómodo	equivocado	triste
cansado	contento	feliz	

1. No tenemos nada que hacer; ____estamos____ muy ____aburridos/as____.

2. Humberto ____está____ muy ____cómodo/ contento/feliz____ en su cama nueva (*new*).

3. Los estudiantes no ____están____ ____equivocados____; ellos tienen razón.

4. Cuando Estela llega a casa a las diez de la noche, ____está____ muy ____cansada____.

5. La habitación ____está____ ____desordenada/ sucia____ porque no tengo tiempo (*time*) de organizar los libros y papeles.

6. Son las once de la noche; no puedo ir a la biblioteca ahora porque ____está____ ____cerrada____.

7. El auto de mi tío ____está____ muy ____sucio____ por la nieve y el lodo (*mud*) de esta semana.

8. Mi papá canta en la casa cuando ____está____ ____contento/feliz____.

9. Alberto ____está____ ____triste/aburrido____ porque sus amigos están muy lejos.

10. Las ventanas ____están____ ____abiertas____ porque hace calor.

Lección 5 Estructura Activities **51**

3 **Marta y Juan** Complete this letter using **estar** and the correct forms of the emotions and conditions. Do not use terms more than once.

Lección 5

abierto	cómodo	enamorado	nervioso
aburrido	confundido	enojado	ocupado
avergonzado	contento	equivocado	seguro
cansado	desordenado	feliz	triste

Querida Marta:

¿Cómo estás? Yo (1)_____*estoy feliz/contento*_____ porque mañana vuelvo a Puerto Rico y te

voy a ver. Sé (I know) que tú (2)_____*estás triste*_____ porque tenemos que estar separados

durante el semestre, pero (3)_____*estoy seguro*_____ de que (that) te van a aceptar en la

universidad y que vas a venir en septiembre. La habitación en la residencia estudiantil no es grande, pero

mi compañero de cuarto y yo (4)_____*estamos cómodos*_____ aquí. Las ventanas son grandes y

(5)_____*están abiertas*_____ porque el tiempo es muy bueno en California. El cuarto no

(6)_____*está desordenado*_____ porque mi compañero de cuarto es muy ordenado. En la semana

mis amigos y yo (7)_____*estamos ocupados*_____ porque trabajamos y estudiamos muchas horas al día.

Cuando llego a la residencia estudiantil por la noche, (8)_____*estoy cansado*_____ y me voy

a dormir. Los fines de semana no (9)_____*estoy aburrido*_____ porque hay muchas cosas que

hacer en San Diego. Ahora (10)_____*estoy nervioso*_____ porque mañana tengo que llegar al

aeropuerto a las cinco de la mañana y está lejos de la universidad. Pero tengo ganas de estar contigo

porque (11)_____*estoy enamorado*_____ de ti (you) y (12)_____*estoy contento/feliz*_____

porque te voy a ver mañana.

Te quiero mucho,

Juan

4 **¿Cómo están?** Read each sentence, then write a new one for each, using **estar** and an emotion or condition to tell how these people are doing or feeling.

> **modelo**
> Pepe tiene que estudiar muchas horas.
> *Pepe está ocupado.*

1. Vicente y Mónica tienen sueño. *Vicente y Mónica están cansados.*

2. No tenemos razón. *Estamos equivocados/as.*

3. El pasajero tiene miedo. *El pasajero está nervioso.*

4. A Paloma le gusta un chico de clase. *Paloma está enamorada.*

5. Los abuelos de Irene van de vacaciones a Puerto Rico. *Los abuelos de Irene están contentos/felices.*

6. No sé si (I don't know if) el examen va a ser fácil o difícil. *No estoy seguro/a.*

5.2 The present progressive

1 **Completar** Complete these sentences with the correct form of **estar** and the present participle of the verbs in parentheses.

1. Ana ____está buscando____ (buscar) pasajes de avión para Chile.

2. Vamos a ver a mis primos que ____están comiendo____ (comer) en el café de la esquina.

3. (Yo) ____Estoy empezando____ (empezar) a entender muy bien el español.

4. Miguel y Elena ____están viviendo____ (vivir) en un apartamento en la playa.

5. El padre de Antonio ____está trabajando____ (trabajar) en la oficina hoy.

6. (Tú) ____Estás jugando____ (jugar) al *Monopolio* con tu prima y su amiga.

7. Las familias ____están teniendo____ (tener) muchos problemas con los hijos adolescentes.

8. El inspector de aduanas ____está abriendo____ (abrir) las maletas de Ramón.

9. (Nosotros) ____Estamos pensando____ (pensar) en ir de vacaciones a Costa Rica.

10. Mi compañera de clase ____está estudiando____ (estudiar) en la biblioteca esta tarde.

2 **Están haciendo muchas cosas** Look at the illustration and label what each person is doing. Use the present progressive.

1. El señor Rodríguez está leyendo el periódico
_____.

2. Pepe y Martita están jugando al fútbol
_____.

3. Paquito está paseando en bicicleta
_____.

4. Kim está sacando/tomando fotos/una foto
_____.

5. Tus abuelos están paseando/caminando
(por el parque)
_____.

6. (Yo) Estoy tomando el sol
_____.

7. La madre de David está patinando (en línea)
_____.

8. (Tú) Estás nadando (en la piscina)
_____.

Lección 5 Estructura Activities **53**

5.3 Ser and estar

1 **Usos de *ser* y *estar*** Complete these sentences with **ser** and **estar**. Then write the letter that corresponds to the correct use of the verb in the blank at the end of each sentence.

Uses of *ser*	Uses of *estar*
a. Nationality and place of origin	i. Location or spatial relationships
b. Profession or occupation	j. Health
c. Characteristics of people and things	k. Physical states or conditions
d. Generalizations	l. Emotional states
e. Possession	m. Certain weather expressions
f. What something is made of	n. Ongoing actions (progressive tenses)
g. Time and date	
h. Where an event takes place	

1. El concierto de jazz _____es_____ a las ocho de la noche. ___g___

2. Inés y Pancho _____están_____ preocupados porque el examen va a ser difícil. ___l___

3. La playa _____está_____ sucia porque hay muchos turistas. ___k___

4. No puedo salir a tomar el sol porque _____está_____ nublado. ___m___

5. En el verano, Tito _____es_____ empleado del hotel Brisas de Loíza. ___b___

6. Rita no puede venir a clase hoy porque _____está_____ enferma. ___j___

7. La bicicleta nueva _____es_____ de David. ___e___

8. (Yo) _____Estoy_____ estudiando en la biblioteca porque tengo un examen mañana. ___n___

9. La piscina del hotel _____es_____ grande y bonita. ___c___

10. _____Es_____ importante estudiar, pero también tienes que descansar. ___d___

2 **¿Ser o estar?** In each of the following pairs, complete one sentence with the correct form of **ser** and the other with the correct form of **estar**.

1. Irene todavía no _____está_____ lista para salir.

   Ricardo _____es_____ el chico más listo de la clase.

2. Tomás no es un buen amigo porque _____es_____ muy aburrido.

   Quiero ir al cine porque _____estoy_____ muy aburrida.

3. Mi mamá está en cama porque _____está_____ mala del estómago (*stomach*).

   El restaurante que está cerca del laboratorio _____es_____ muy malo.

4. La mochila de Javier _____es_____ verde (*green*).

   No me gustan las bananas cuando _____están_____ verdes.

5. Elena _____está_____ más rubia por tomar el sol.

   La hija de mi profesor _____es_____ rubia.

6. Gabriela _____está_____ muy delgada porque está enferma (*sick*).

   Mi hermano _____es_____ muy delgado.

3   **En el hotel** Describe the Hotel San Juan using these cues and either **ser** or **estar** as appropriate.

1. la habitación / limpio y ordenado

   La habitación está limpia y ordenada.

2. el restaurante del hotel / excelente

   El restaurante del hotel es excelente.

3. la puerta del ascensor / abierta

   La puerta del ascensor está abierta.

4. los otros huéspedes / franceses

   Los otros huéspedes son franceses.

5. (yo) / cansada de viajar

   Estoy cansada de viajar.

6. Paula y yo / buscando al botones

   Paula y yo estamos buscando al botones.

7. la empleada / muy simpática

   La empleada es muy simpática.

8. el botones / ocupado

   El botones está ocupado.

9. ustedes / en la ciudad de San Juan

   Ustedes están en la ciudad de San Juan.

10. (tú) / José Javier Fernández

   Eres José Javier Fernández.

4   **La familia Piñero** Complete this paragraph with the correct forms of **ser** and **estar**.

Los Piñero (1)_____ son _____ de Nueva York, pero (2)_____ están _____ de vacaciones

en Puerto Rico. (3)_____ Están _____ en un hotel grande en el pueblo de Dorado. Los padres

(4)_____ son _____ Elena y Manuel, y ahora (5)_____ están _____ comiendo en el

restaurante del hotel. Los hijos (6)_____ son _____ Cristina y Luis, y (7)_____ están _____

nadando en la piscina. Ahora mismo (8)_____ está _____ lloviendo, pero el sol va a salir

muy pronto (*soon*). Hoy (9)_____ es _____ lunes y la familia (10)_____ está _____

muy contenta porque puede descansar. El señor Piñero (11)_____ es _____ profesor

y la señora Piñero (12)_____ es _____ doctora. Los Piñero dicen: "¡Cuando

no (13)_____ estamos _____ de vacaciones, (14)_____ estamos _____ todo el tiempo

muy ocupados!".

Lección 5 Estructura Activities

5.4 Direct object nouns and pronouns

1 **Monólogo de un viajero** Complete this monologue with the correct direct object pronouns.

Hoy es lunes. El sábado voy de viaje. Tengo cinco días, ¿no? Sí, (1)___los___ tengo. Tengo que conseguir un pasaje de ida y vuelta. ¡Imprescindible! Mi hermano trabaja en una agencia de viajes; él me (2)___lo___ consigue fácilmente. Tengo que buscar un buen mapa de la ciudad. En Internet (3)___lo___ puedo encontrar. Y en la biblioteca puedo encontrar libros sobre el país; libros sobre su historia, su arquitectura, su geografía, su gente... (4)___los___ voy a leer en el avión. También quiero comprar una mochila nueva, pero (5)___la___ quiero muy grande. ¿Y dónde está mi vieja cámara de fotos? (6)___La___ tengo que buscar esta noche. Voy a tomar muchas fotos; mi familia (7)___las___ quiere ver. Y... ¿cuándo voy a hacer las maletas? (8)___Las___ tengo que hacer el miércoles. Y eso es todo, ¿verdad? No, no es todo. Necesito encontrar un compañero o una compañera de viaje, pero hay un pequeño problema: ¿dónde (9)___lo___ encuentro o (10)___la___ encuentro?

Síntesis

On another sheet of paper, describe the room and the people in the illustration. Use complete sentences. Explain what the people are doing and feeling, and why. Then choose one of the groups of people and write a conversation that they could be having. They should discuss a vacation that they are planning, the arrangements they are making for it, and the things that they will need to take.

Answers will vary.

Nombre _____ Fecha _____

panorama

Puerto Rico

1 ¿Cierto o falso? Indicate if each statement is **cierto** or **falso**. Then correct the false statements.

1. El área de Puerto Rico es menor que (*smaller than*) la de Connecticut.
   Cierto.

2. Todos (*All*) los puertorriqueños hablan inglés y español.
   Falso. Aproximadamente la cuarta parte de la población puertorriqueña habla inglés.

3. La fortaleza del Morro protegía (*protected*) la bahía de Mayagüez.
   Falso. La fortaleza del Morro protegía la bahía de San Juan.

4. La música salsa tiene raíces españolas.
   Falso. La música salsa tiene orígenes puertorriqueños y cubanos.

5. Los científicos detectan emisiones de radio desde (*from*) el Observatorio de Arecibo.
   Cierto.

6. Los puertorriqueños no votan en las elecciones presidenciales de los Estados Unidos.
   Cierto.

2 Datos de Puerto Rico Complete these sentences with words and expressions from **Panorama**.

1. Más de la mitad de la población de Puerto Rico vive en ____San Juan/la capital____.
2. El uso del inglés es obligatorio para los documentos ____federales____.
3. ____Roberto Clemente____ fue (*was*) un beisbolista puertorriqueño famoso.
4. Hoy día, ____Puerto Rico____ es el centro internacional de la salsa.
5. El Observatorio de Arecibo tiene uno de los ____radiotelescopios____ más grandes del mundo.
6. Puerto Rico se hizo parte de los EE.UU. en 1898 y se hizo un ____estado libre asociado____ en 1952.

3 Cosas puertorriqueñas Fill in each category with information from **Panorama**.

Ciudades puertorriqueñas	Ríos puertorriqueños	Islas puertorriqueñas	Puertorriqueños célebres
San Juan	Río Grande de Añasco	Culebra	Raúl Juliá
Arecibo	Río Loíza	Vieques	Roberto Clemente
Bayamón			Julia de Burgos
Fajardo			Benicio del Toro
Mayagüez			Rosie Pérez
Ponce			Felipe Rodríguez

4 **¿Lo hacen?** Answer these questions correctly using a direct object pronoun in each answer.

> **modelo**
> ¿Lees el artículo de Puerto Rico?
> Sí, lo leo./ No, no lo leo.

1. ¿Usan los pesos como moneda los puertorriqueños?

   No, no los usan.

2. ¿Habla el idioma inglés la cuarta parte de la población puertorriqueña?

   Sí, lo habla.

3. ¿Sacan fotografías del Morro muchas personas?

   Sí, (muchas personas) las sacan.

4. ¿Tocan música salsa Felipe Rodríguez, El Gran Combo y Héctor Lavoe?

   Sí, la tocan.

5. ¿Estudian las montañas los científicos del Observatorio de Arecibo?

   No, no las estudian.

6. ¿Pagan impuestos federales los puertorriqueños?

   No, no los pagan.

5 **Fotos de Puerto Rico** Write the name of what is shown in each picture.

1. _____ Observatorio de Arecibo _____

2. _____ Una calle en Puerto Rico _____

3. _____ Faro en Arecibo _____

4. _____ Playa en San Juan _____

contextos

1 **El almacén** Look at the department store directory. Then complete the sentences with terms from the word list.

> ### Almacén Gema
>
> PRIMER PISO   Departamento de caballeros
> SEGUNDO PISO   Ropa de invierno y zapatos
> TERCER PISO   Departamento de damas y óptica
> CUARTO PISO   Ropa interior, ropa de verano y trajes de baño

abrigos	corbatas	sandalias
blusas	faldas	trajes de baño
bolsas	gafas de sol	trajes de hombre
botas	guantes	vestidos
calcetines	medias	zapatos de tenis
cinturones	pantalones de hombre	

1. En el primer piso puedes encontrar <u>cinturones, corbatas, pantalones de hombre, trajes de hombre</u>
   _____

2. En el segundo piso puedes encontrar <u>abrigos, botas, guantes, sandalias, zapatos de tenis</u>
   _____

3. En el tercer piso puedes encontrar <u>blusas, bolsas, cinturones, faldas, gafas de sol, vestidos</u>
   _____

4. En el cuarto piso puedes encontrar <u>calcetines, medias, trajes de baño</u>
   _____

5. Quiero unos pantalones cortos. Voy al <u>cuarto</u> _____ piso.

6. Buscas unos lentes. Vas al <u>tercer</u> _____ piso.

7. Arturo ve una chaqueta en el <u>primer/segundo</u> _____ piso.

8. Ana ve los jeans en el <u>tercer</u> _____ piso.

2 **Necesito muchas cosas** Complete these sentences with the correct terms.

1. Voy a nadar en la piscina. Necesito <u>un traje de baño</u> _____.

2. Está lloviendo mucho. Necesito <u>un impermeable</u> _____.

3. No puedo ver bien porque hace sol. Necesito <u>gafas de sol/lentes de sol</u> _____.

4. Voy a correr por el parque. Necesito <u>zapatos de tenis</u> _____.

5. Queremos entrar en muchas tiendas diferentes. Vamos al <u>centro comercial</u> _____.

6. No tengo dinero en la cartera. Voy a pagar con la <u>tarjeta de crédito</u> _____.

3 **Los colores** Answer these questions in complete sentences.

1. ¿De qué color es el chocolate?

   El chocolate es marrón/café/blanco.

2. ¿De qué color son las berenjenas *(eggplants)*?

   Las berenjenas son moradas.

3. ¿De qué color son las naranjas *(oranges)*?

   Las naranjas son anaranjadas/amarillas/verdes.

4. ¿De qué colores es la bandera *(flag)* de los Estados Unidos?

   La bandera de los Estados Unidos es roja, blanca y azul.

5. ¿De qué color son las nubes *(clouds)* cuando está nublado?

   Cuando está nublado, las nubes son grises./Las nubes son grises cuando está nublado.

6. ¿De qué color son los bluejeans?

   Los bluejeans son azules.

7. ¿De qué color son muchos aviones?

   Muchos aviones son blancos.

8. ¿De qué color son las palabras de este libro?

   Las palabras de este libro son negras.

4 **¿Qué lleva?** Look at the illustration and fill in the blanks with the names of the numbered items.

5. la camiseta

4. la chaqueta

2. la corbata

10. la blusa

6. la camisa

8. el cinturón

3. la falda

1. los pantalones/ los (blue)jeans

7. los zapatos

9. las sandalias

estructura

6.1 Saber and conocer

1 **¿Saber o conocer?** Complete the sentences, using **saber** and **conocer**.

1. (yo) No _____ conozco _____ a los padres de Juan Carlos.

2. Marissa _____ conoce _____ las ciudades de Canadá.

3. ¿(Maru, tú) _____ Sabes _____ dónde estamos?

4. Yo _____ sé _____ hablar italiano y francés.

5. La señora Díaz _____ conoce _____ bien la capital de México.

6. Jimena y yo no _____ conocemos _____ a los otros turistas.

2 **¿Qué hacen?** Complete the sentences, using the verbs from the word bank. Use each verb only once.

conducir	ofrecer	saber
conocer	parecer	traducir

1. El señor Díaz _____ conduce _____ su automóvil todos los días.

2. Miguel _____ sabe _____ usar su computadora muy bien.

3. Jimena _____ parece _____ ser una estudiante excelente.

4. Miguel y Maru no _____ conocen _____ bien al vendedor.

5. La Universidad del Mar _____ ofrece _____ cursos muy interesantes.

6. Nosotros _____ traducimos _____ libros a diferentes lenguas extranjeras.

3 **Oraciones completas** Create sentences, using the elements and **saber** or **conocer**.

1. Eugenia / mi amiga Anita

   Eugenia conoce a mi amiga Anita.

2. Pamela / hablar español muy bien

   Pamela sabe hablar español muy bien.

3. el sobrino de Rosa / leer y escribir

   El sobrino de Rosa sabe leer y escribir.

4. José y Laura / la ciudad de Barcelona

   José y Laura conocen la ciudad de Barcelona.

5. nosotros no / llegar al centro comercial

   Nostros no sabemos llegar al centro comercial.

6. yo / el profesor de literatura

   Yo conozco al profesor de literatura.

7. Elena y María Victoria / patinar en línea

   Elena y María Victoria saben patinar en línea.

Lección 6

6.2 Indirect object pronouns

1 **¿A quién?** Complete these sentences with the correct indirect object pronouns.

1. _____Le_____ pido a la profesora los libros de español.

2. Amelia _____nos_____ pregunta a nosotras adónde queremos ir.

3. El empleado _____les_____ busca trabajo a sus primas en el almacén.

4. Julio _____les_____ quiere dar un televisor nuevo a sus padres.

5. Los clientes _____nos_____ piden rebajas a nosotros todos los años.

6. Tu hermano no _____te_____ presta la ropa a ti (*you*).

7. La empleada de la tienda _____le_____ cerró la puerta a mi tía.

8. La mamá no _____les_____ hace la tarea a sus hijos.

9. Tus padres _____Te_____ deben dar mucho dinero a ti, porque llevas ropa muy cara.

10. Las dependientas _____me_____ traen el vestido rosado a mí.

2 **Planes** Complete this paragraph with the correct indirect object pronouns and find out Sara's plans for this summer.

Mis amigos Loles, Antonio y Karen (1)_____me_____ preguntan a mí si quiero ir a Italia con ellos este verano. Yo (2)_____les_____ digo: "¡Sí, síí, síííííí!" Ellos (3)_____le_____ quieren pedir un libro o dos a la profesora de historia del arte. Yo (4)_____les_____ quiero dar a ellos un álbum de fotos muy interesante. El novio de mi hermana es italiano. Él tiene una colección con dos mil cuatrocientas sesenta y tres fotos de muchas ciudades y museos de su país. (5)_____Le_____ voy a preguntar a mi hermana dónde lo tiene y a mis padres (6)_____les_____ voy a decir: "¡Mamá, papá, en agosto voy a Italia con unos amigos! La señorita Casanova (7)_____nos/les_____ va a prestar un par de libros y el novio de Ángeles (8)_____nos/les_____ va a prestar su maravilloso álbum de fotos".

Loles tiene suerte. Su tía (9)_____le_____ va a pagar el pasaje. Antonio y Karen van a trabajar en el centro comercial los meses de junio y julio. ¿Y yo qué hago? ¿Quién (10)_____me_____ va a pagar el pasaje a mí? ¿A quién (11)_____le_____ pido dinero yo? ¿A papá?... Pero él (12)_____me_____ dice: "Sarita, hija, lo siento, pero yo no (13)_____te_____ puedo pagar tu pasaje. Tu prima (14)_____te_____ puede dar trabajo de dependienta en su tienda de ropa". ¡¡¿Trabajo?!!

3 Delante o detrás
Rewrite these sentences, using an alternate placement for the indirect object pronouns.

1. Les vas a dar muchos regalos a tus padres.

   Vas a darles muchos regalos a tus padres.

2. Quiero comprarles unos guantes a mis sobrinos.

   Les quiero comprar unos guantes a mis sobrinos.

3. Clara va a venderle sus libros de literatura a su amiga.

   Clara le va a vender sus libros de literatura a su amiga.

4. Los clientes nos pueden pagar con tarjeta de crédito.

   Los clientes pueden pagarnos con tarjeta de crédito.

4 De compras
Complete the paragraph with the correct indirect object pronouns.

Isabel y yo vamos de compras al centro comercial. Yo (1) __les__ tengo que comprar unas cosas a mis parientes porque voy a viajar a la ciudad de mis tíos este fin de semana. A mi prima Laura (2) __le__ quiero comprar unas gafas de sol, pero ella (3) __me__ tiene que comprar un traje de baño a mí. A mis dos primos (4) __les__ voy a comprar una pelota de béisbol. A mi tío (5) __le__ llevo un libro y a mi tía (6) __le__ tengo que conseguir una blusa. (7) __Les__ quiero llevar camisetas con el nombre de mi ciudad a todos.

5 Respuestas
Answer these questions negatively. Use indirect object pronouns in the answer.

1. ¿Le escribe Rolando un mensaje electrónico a Miguel?

   No, no le escribe un mensaje electrónico.

2. ¿Nos trae el botones las maletas a la habitación?

   No, no nos trae las maletas a la habitación.

3. ¿Les dan gafas de sol los vendedores a los turistas?

   No, no les dan gafas de sol.

4. ¿Te compra botas en el invierno tu mamá?

   No, no me compra botas.

5. ¿Les muestra el traje a ustedes el dependiente?

   No, no nos muestra el traje.

6. ¿Me vas a buscar la revista en la librería?

   No, no te voy a buscar la revista en la librería.

6.3 Preterite tense of regular verbs

1 **El pretérito** Complete these sentences with the preterite tense of the indicated verb.

1. Marcela _____encontró_____ (encontrar) las sandalias debajo de la cama.

2. Gustavo _____recibió_____ (recibir) un regalo muy bonito.

3. Sara y Viviana _____terminaron_____ (terminar) el libro al mismo tiempo.

4. La agente de viajes _____preparó_____ (preparar) un itinerario muy interesante.

5. (yo) _____Visité_____ (visitar) la ciudad en invierno.

6. Los dependientes _____escucharon_____ (escuchar) el partido por la radio.

7. Patricia y tú _____viajaron_____ (viajar) a México el verano pasado.

8. (nosotras) _____Escribimos_____ (escribir) una carta al empleado del almacén.

9. (tú) _____Regresaste_____ (regresar) del centro comercial a las cinco de la tarde.

10. Ustedes _____vivieron_____ (vivir) en casa de sus padres.

2 **Ahora y en el pasado** Rewrite these sentences in the preterite tense.

1. Ramón escribe una carta al director del programa.

   Ramón escribió una carta al director del programa.

2. Mi tía trabaja de dependienta en un gran almacén.

   Mi tía trabajó de dependienta en un gran almacén.

3. Comprendo el trabajo de la clase de inglés.

   Comprendí el trabajo de la clase de inglés.

4. La familia de Daniel vive en Argentina.

   La familia de Daniel vivió en Argentina.

5. Virginia y sus amigos comen en el café de la librería.

   Virginia y sus amigos comieron en el café de la librería.

6. Los ingenieros terminan la construcción de la tienda en junio.

   Los ingenieros terminaron la construcción de la tienda en junio.

7. Llevas un vestido muy elegante a la escuela.

   Llevaste un vestido muy elegante a la escuela.

8. Los turistas caminan, compran y descansan.

   Los turistas caminaron, compraron y descansaron.

9. Corremos cada día en el parque.

   Corrimos cada día en el parque.

3   **Confundido** Your friend Mario has a terrible memory. Answer his questions negatively, indicating that what he asks already happened.

> **modelo**
>
> ¿Va a comprar ropa Silvia en el centro comercial?
> No, Silvia ya *compró ropa en el centro comercial.*

1. ¿Va a viajar a Perú tu primo Andrés?

   No, mi primo Andrés ya viajó a Perú.

2. ¿Vas a buscar una tienda de computadoras en el centro comercial?

   No, ya busqué una tienda de computadoras en el centro comercial.

3. ¿Vamos a encontrar muchas rebajas en el centro?

   No, ya encontramos muchas rebajas en el centro.

4. ¿Va María a pagar las sandalias en la caja?

   No, María ya pagó las sandalias en la caja.

5. ¿Van a regatear con el vendedor Mónica y Carlos?

   No, Mónica y Carlos ya regatearon con el vendedor.

6. ¿Va a pasear por la playa tu abuela?

   No, mi abuela ya paseó por la playa.

4   **La semana pasada** Now Mario wants to know what you did last week. Write his question, then answer it affirmatively or negatively.

> **modelo**
>
> sacar fotos de los amigos
> —¿Sacaste fotos de los amigos?
> —Sí, saqué fotos de los amigos./No, no saqué fotos de los amigos.

1. pagar el abrigo con la tarjeta de crédito

   ¿Pagaste el abrigo con la tarjeta de crédito?, Sí, pagué el abrigo con la tarjeta de crédito./No, no pagué el abrigo con
   la tarjeta de crédito.

2. jugar al tenis

   ¿Jugaste al tenis?, Sí, jugué al tenis./No, no jugué al tenis.

3. buscar un libro en la biblioteca

   ¿Buscaste un libro en la biblioteca?, Sí, busqué un libro en la biblioteca./ No, no busqué un libro en la biblioteca.

4. llegar tarde a clase

   ¿Llegaste tarde a clase?, Sí, llegué tarde a clase./No, no llegué tarde a clase.

5. empezar a escribir una carta

   ¿Empezaste a escribir una carta?, Sí, empecé a escribir una carta./No, no empecé a escribir una carta.

     Lección 6 Estructura Activities

Lección 6

6.4 Demonstrative adjectives and pronouns

1   **De compras** Complete these sentences with the correct form of the adjective in parentheses.

1. Me quiero comprar _____estos_____ (*these*) zapatos porque me gustan mucho.

2. Comimos en _____ese_____ (*that*) centro comercial la semana pasada.

3. _____Aquella_____ (*that over there*) tienda vende las gafas de sol a un precio muy alto (*high*).

4. Las rebajas en _____este_____ (*this*) almacén son fenomenales.

5. _____Esas_____ (*those*) botas hacen juego con tus pantalones negros.

6. Voy a llevar _____estos_____ (*these*) pantalones con la blusa roja.

2   **Claro que no** Your friend Mario hates shopping, and can't keep anything straight. Answer his questions negatively, using the cues in parentheses and the corresponding demonstrative adjectives.

> **modelo**
> ¿Compró esas medias Sonia? (cartera)
> *No, compró esa cartera.*

1. ¿Va a comprar ese suéter Gloria? (pantalones)

   No, (Gloria) va a comprar esos pantalones.

2. ¿Llevaste estas sandalias? (zapatos de tenis)

   No, llevé estos zapatos de tenis.

3. ¿Quieres ver esta ropa interior? (medias)

   No, quiero ver estas medias.

4. ¿Usa aquel traje David? (chaqueta negra)

   No, (David) usa aquella chaqueta negra.

5. ¿Decidió Silvia comprar esas gafas de sol? (sombrero)

   No, (Silvia) decidió comprar ese sombrero.

6. ¿Te mostró el vestido aquella vendedora? (dependiente)

   No, me mostró el vestido aquel dependiente.

3   **Ésos no** Complete these sentences using demonstrative pronouns. Choose a pronoun for each sentence, paying attention to agreement.

1. Aquellas sandalias son muy cómodas, pero _____éstas/ésas/aquéllas_____ son más elegantes.

2. Esos vestidos largos son muy caros; voy a comprar _____éstos/ésos/aquéllos_____.

3. No puedo usar esta tarjeta de crédito; tengo que usar _____ésta/ésa/aquélla_____.

4. Esos zapatos tienen buen precio, pero _____éstos/ésos/aquéllos_____ no.

5. Prefiero este sombrero porque _____éste/ése/aquél_____ es muy grande.

6. Estas medias son buenas; las prefiero a _____éstas/ésas/aquéllas_____.

4 **Éstas y aquéllas** Look at the illustration and complete this conversation with the appropriate demonstrative adjectives and pronouns.

CLAUDIA ¿Quieres comprar (1)_____esta_____ corbata, Gerardo?

GERARDO No, no quiero comprar (2)_____ésta_____. Prefiero (3)____ésa/aquélla____ del escaparate (*display case*).

CLAUDIA (4)_____Ésa_____ es bonita, pero no hace juego con tu chaqueta.

GERARDO Mira (5)____aquella/esa____ chaqueta. Es muy elegante y está a buen precio. Sí, puedo usar (6)____aquélla/ésa____ y darle a mi hermano ésta.

CLAUDIA ¿Y (7)_____este_____ cinturón?

GERARDO (8)_____Éste_____ es muy elegante. ¿Es caro?

CLAUDIA Es más barato que (9)____esos/aquellos____ tres del escaparate.

5 **Más compras** Pilar and Marta are at the mall trying to get a new outfit for a special occasion. Write the conversation in which they talk about different clothing. Use at least six expressions from the list. Answers will vary.

aquel vendedor	esa camisa	esos colores	esta falda
aquellas botas	ese precio	esos zapatos	este vestido

_____

_____

_____

_____

_____

_____

_____

Lección 6

Síntesis

Imagine that you went with your brother to an open-air market last weekend. This weekend you take a friend there. Write a conversation between you and your friend, using as many different verbs as you can from those you have learned.

• Indicate to your friend the items you saw last weekend, what you liked and didn't like, the items that you bought, how much you paid for them, and for whom you bought the items.

• Suggest items that your friend might buy and for whom he or she might buy them. Answers will vary.

_____
_____
_____
_____
_____
_____
_____
_____
_____
_____
_____
_____
_____
_____
_____
_____
_____
_____
_____
_____
_____
_____
_____
_____
_____
_____

Lección 6

panorama   Lección 6

Cuba

1 **Crucigrama (*Crossword*)** Complete this crossword puzzle with the correct terms.

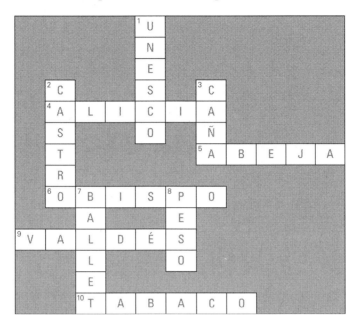

Horizontales
4. Nombre de la bailarina que fundó el Ballet Nacional de Cuba
5. Especie cubana de colibrí
6. Calle de la Habana Vieja frecuentada por Hemingway
9. Apellido de una escritora cubana célebre
10. Uno de los productos agrícolas más importantes en Cuba

Verticales
1. Esta organización declaró a la Habana Vieja Patrimonio Cultural de la Humanidad.
2. Apellido del ex líder del gobierno de Cuba
3. El azúcar se saca (*is extracted*) de esta planta.
7. Alicia Alonso practicaba (*practiced*) este baile.
8. Moneda cubana

2 **Preguntas sobre Cuba** Answer these questions about Cuba in complete sentences.

1. ¿De dónde son los antepasados de muchos cubanos de hoy en día?

   Los antepasados de los cubanos de hoy en día son africanos, europeos, chinos y antillanos, entre otros.

2. ¿De qué colores es la bandera cubana?

   La bandera cubana es roja, blanca y azul.

3. ¿Cuál es un medio de transporte muy popular en Cuba?

   Los coco taxis son un medio de transporte muy popular en Cuba.

4. ¿Qué es *Buena Vista Social Club*?

   Buena Vista Social Club es un grupo de importantes músicos de Cuba que interpretan canciones clásicas del son cubano.

Lección 6 Panorama Activities **69**

3   **Datos de Cuba** Complete these sentences with information from **Panorama**.

1. El ___Palacio de Capitanes Generales___ en la Plaza de Armas de la Habana Vieja es ahora un museo.

2. En Cuba se encuentran la Cordillera de los ___Órganos___ y la Sierra ___Maestra___.

3. Una isla que forma parte de Cuba es la ___Isla de la Juventud___.

4. Alicia Alonso fundó el ___Ballet Nacional de Cuba___ en 1948.

5. La ___caña de azúcar___ es un producto de exportación muy importante para Cuba.

6. El tabaco se usa para fabricar los famosos ___puros cubanos___.

7. La inmigración fue muy importante en Cuba desde la ___colonia___ hasta mediados del siglo XX.

8. *Buena Vista Social Club* interpreta canciones clásicas del ___son cubano___.

4   **Cubanos célebres** Write the name of the famous Cuban who might have said each of these quotations.

1. "Nací en 1927 y mi música es famosa".

   Ibrahim Ferrer

2. "Me convertí en una estrella internacional con el Ballet de Nueva York".

   Alicia Alonso

3. "Soy el ex jefe de las fuerzas armadas de Cuba".

   Fidel Castro

4. "Viví en el siglo (*century*) diecinueve y escribí poemas".

   José Martí

5. "Tengo más de cincuenta años, soy cubana y escribo libros".

   Zoé Valdés

6. "Curé a muchas personas enfermas y estudié ciencias".

   Carlos Finlay

5   **Números cubanos** Write out the numbers in Spanish that complete these sentences about Cuba.

1. Hay ___once millones doscientos cuatro mil___ habitantes en la isla de Cuba.

2. Hay ___dos millones ciento cuarenta y un mil novecientos noventa y tres___ habitantes en la Habana.

3. En el año ___mil novecientos ochenta y dos___ la Habana Vieja fue declarada Patrimonio Cultural de la Humanidad.

4. El área de Cuba es de ___cuarenta y dos mil ochocientas tres___ millas cuadradas.

5. El colibrí abeja de Cuba es una de las más de ___trescientas veinte___ especies de colibrí del mundo.

6. En el año ___mil novecientos veintiséis___ nació Fidel Castro.

repaso

1 **No lo hago** Answer these questions affirmatively or negatively as indicated, replacing the direct object with a direct object pronoun.

> **modelo**
> ¿Traes la computadora a clase? (no)
> No, no la traigo.

1. ¿Haces la tarea de historia en tu habitación? (sí) Sí, la hago.
2. ¿Pones esos libros sobre el escritorio? (no) No, no los pongo.
3. ¿Traes los pasajes y el pasaporte al aeropuerto? (sí) Sí, los traigo.
4. ¿Oyes ese programa de radio a veces (*sometimes*)? (no) No, no lo oigo.
5. ¿Conoces a aquellas chicas que están tomando el sol? (sí) Sí, las conozco.
6. ¿Pones la televisión mientras (*while*) estudias? (no) No, no la pongo.

2 **El tiempo** Complete these sentences with the most logical verbs from the list. Use each verb once.

cerrar	pedir	poder	querer
comenzar	pensar	preferir	volver

1. Está empezando a hacer frío. Mi mamá _____ quiere/piensa _____ comprar un abrigo.
2. Hace mucho sol. (Tú) _____ Comienzas _____ a buscar tus gafas de sol.
3. Hace fresco. Melissa _____ puede/quiere/piensa _____ salir a pasear en bicicleta.
4. Está nevando. (Yo) _____ Prefiero/Quiero/Pienso _____ estar en casa hoy.
5. Está lloviendo. Luis y Pilar _____ cierran _____ las ventanas del auto.
6. Hace mucho calor. Ustedes _____ quieren/piensan _____ ir a nadar en la piscina.
7. Está nublado. Los chicos _____ vuelven _____ temprano de la playa.
8. Llueve. Los turistas _____ piden _____ un impermeable en el hotel.

3 **No son éstos** Answer these questions negatively using demonstrative pronouns.

> **modelo**
> ¿Les vas a prestar esos programas a ellos? (*those over there*)
> No, les voy a prestar aquéllos./No, voy a prestarles aquéllos.

1. ¿Me vas a vender esa calculadora? (*this one*)

   No, te voy a vender ésta./No, voy a venderte ésta.

2. ¿Van ustedes a abrirle ese auto al cliente? (*that one over there*)

   No, vamos a abrirle aquél./No, le vamos a abrir aquél.

3. ¿Va a llevarles estas maletas Marisol? (*those ones*)

   No, va a llevarles ésas./No, les va a llevar ésas./No, va a llevarnos ésas./No, nos va a llevar ésas.

4. ¿Les van a enseñar esos verbos a los estudiantes? (*these ones*)

   No, les van a enseñar éstos./No, van a enseñarles éstos.

Lecciones 4–6

4

¿Son o están? Form complete sentences using the words provided and **ser** or **estar**.

1. Paloma y Carlos / inteligentes y trabajadores

   Paloma y Carlos son inteligentes y trabajadores.

2. Mariela / cantando una canción bonita

   Mariela está cantando una canción bonita.

3. (tú) / conductor de taxi en la ciudad

   Eres conductor de taxi en la ciudad.

4. (nosotros) / en un hotel en la playa

   Estamos en un hotel en la playa.

5. Gilberto / preocupado porque tiene mucho trabajo

   Gilberto está preocupado porque tiene mucho trabajo.

6. Roberto y yo / puertorriqueños, de San Juan

   Roberto y yo somos puertorriqueños, de San Juan.

5

La compra Look at the photo and imagine everything that led up to the woman's purchase. What did she need? Why did she need it? What kind of weather is it for? Where did she decide to go to buy it? Where did she go looking for it? Who helped her, and what did she ask them? Did she bargain with anyone? Was she undecided about anything? How did she pay for the purchase? Who did she pay? Answer these questions in a paragraph, using the preterite of the verbs that you know. Answers will vary.

_____

_____

_____

_____

_____

_____

_____

_____

_____

_____

_____

_____

_____

contextos

1 **Las rutinas** Complete each sentence with a word from **Contextos**.

1. Susana se lava el pelo con _____champú_____.

2. La ducha y el lavabo están en el _____baño/cuarto de baño_____.

3. Manuel se lava las manos con _____jabón_____.

4. Después de lavarse las manos, usa la _____toalla_____.

5. Luis tiene un _____despertador_____ para levantarse temprano.

6. Elena usa el _____espejo/maquillaje_____ para maquillarse.

2 **¿En el baño o en la habitación?** Write **en el baño** or **en la habitación** to indicate where each activity takes place.

1. bañarse _____en el baño_____

2. levantarse _____en la habitación_____

3. ducharse _____en el baño_____

4. lavarse la cara _____en el baño_____

5. acostarse _____en la habitación_____

6. afeitarse _____en el baño_____

7. cepillarse los dientes _____en el baño_____

8. dormirse _____en la habitación_____

3 **Ángel y Lupe** Look at the drawings, and choose the appropriate phrase to describe what Ángel and Lupe are doing. Use complete sentences.

> afeitarse por la mañana   cepillarse los dientes después de comer
> bañarse por la tarde   ducharse antes de salir

1. ___Lupe se cepilla los dientes después de comer.___

2. ___Ángel se afeita por la mañana.___

3. _____   Lupe se baña por la tarde.   _____

4. _____   Ángel se ducha antes de salir.

_____

4   **La palabra diferente** Fill in each blank with the word that doesn't belong in each group.

1. luego, después, más tarde, entonces, antes _____ antes _____

2. maquillarse, cepillarse el pelo, despertarse, peinarse, afeitarse _____ despertarse _____

3. bailar, despertarse, acostarse, levantarse, dormirse _____ bailar _____

4. champú, despertador, jabón, maquillaje, crema de afeitar _____ despertador _____

5. entonces, bañarse, lavarse las manos, cepillarse los dientes, ducharse _____ entonces _____

6. pelo, vestirse, dientes, manos, cara _____ vestirse _____

5   **La rutina de Silvia** Rewrite this paragraph, selecting the correct sequencing words from the parentheses.

(Por la mañana, Durante el día) Silvia se prepara para salir. (Primero, Antes de), se levanta y se ducha. (Después, Antes) de ducharse, se viste. (Entonces, Durante) se maquilla. (Primero, Antes) de salir, come algo y bebe un café. (Durante, Por último), se peina y se pone una chaqueta. (Durante el día, Antes de) Silvia no tiene tiempo de volver a su casa. (Más tarde, Antes de), come algo en la cafetería de la escuela y estudia en la biblioteca. (Por la tarde, Por último), Silvia trabaja en el centro comercial. (Por la noche, Primero) llega a su casa y está cansada. (Más tarde, Después), su madre le prepara algo de comer y Silvia mira la televisión un rato. (Antes de, Después de) acostarse a dormir, siempre estudia un rato.

Por la mañana Silvia se prepara para salir. Primero, se levanta y se ducha. Después de ducharse, se viste. Entonces se

maquilla. Antes de salir, come algo y bebe un café. Por último, se peina y se pone una chaqueta. Durante el día, Silvia no

tiene tiempo de volver a su casa. Más tarde, come algo en la cafetería de la escuela y estudia en la biblioteca. Por la tarde,

Silvia trabaja en el centro comercial. Por la noche llega a su casa y está cansada. Más tarde, su madre le prepara algo de

comer y Silvia mira la televisión un rato. Antes de acostarse a dormir, siempre estudia un rato.

_____

_____

_____

_____

_____

estructura

7.1 Reflexive verbs

1 **Completar** Complete each sentence with the correct present tense forms of the verb in parentheses.

1. Marcos y Gustavo _____se enojan_____ (enojarse) con Javier.

2. Mariela _____se siente_____ (sentirse) feliz.

3. (yo) _____Me acuesto_____ (acostarse) temprano porque tengo clase por la mañana.

4. Los jugadores _____se secan_____ (secarse) con toallas nuevas.

5. (tú) _____Te preocupas_____ (preocuparse) por tu novio porque siempre pierde las cosas.

6. Usted _____se lava_____ (lavarse) la cara con un jabón especial.

7. Mi mamá _____se pone_____ (ponerse) muy contenta cuando llego temprano a casa.

2 **Lo hiciste** Answer the questions affirmatively, using complete sentences.

1. ¿Te cepillaste los dientes después de comer?

Sí, me cepillé los dientes después de comer.

2. ¿Se maquilla Julia antes de salir a bailar?

Sí, Julia se maquilla antes de salir a bailar.

3. ¿Se duchan ustedes antes de nadar en la piscina?

Sí, nos duchamos antes de nadar en la piscina.

4. ¿Se ponen sombreros los turistas cuando van a la playa?

Sí, los turistas se ponen sombreros cuando van a la playa.

5. ¿Nos ponemos las pantuflas cuando llegamos a casa?

Sí, se ponen/nos ponemos las pantuflas cuando llegan/llegamos a casa.

3 **Terminar** Complete each sentence with the correct reflexive verbs. You will use some verbs more than once.

| acordarse | cepillarse | enojarse | maquillarse |
| acostarse | dormirse | levantarse | quedarse |

1. Mi mamá _____se enoja_____ porque no queremos _____levantarnos/acostarnos/dormirnos_____ temprano.

2. La profesora _____se enoja_____ con nosotros cuando no _____nos acordamos_____ de los verbos.

3. Mi hermano _____se cepilla_____ los dientes cuando _____se levanta/se acuerda_____.

4. Mis amigas y yo _____nos quedamos_____ estudiando en la biblioteca por la noche y por la mañana yo _____me levanto_____ muy cansada.

5. Muchas noches _____me duermo/me quedo_____ delante del televisor, porque no quiero _____acostarme/levantarme_____.

4 **Escoger** Choose the correct verb from the parentheses, then fill in the blank with its correct form.

1. (lavar/lavarse)

Josefina _____ se lava _____ las manos en el lavabo.

Josefina _____ lava _____ la ropa de su amiga.

2. (peinar/peinarse)

(yo) _____ Peino _____ a mi hermana todas las mañanas.

(yo) _____ Me peino _____ en el baño, delante del espejo.

3. (poner/ponerse)

(nosotros) _____ Nos ponemos _____ nerviosos antes de un examen.

(nosotros) _____ Ponemos _____ la toalla al lado de la ducha.

4. (levantar/levantarse)

Los estudiantes _____ se levantan _____ muy temprano.

Los estudiantes _____ levantan _____ la mano y hacen preguntas.

5 **El incidente** Complete the paragraph with reflexive verbs from the word bank. Use each verb only once.

acordarse	enojarse	levantarse	preocuparse
afeitarse	irse	maquillarse	quedarse
despertarse	lavarse	ponerse	vestirse

Luis (1) _____ se levanta/se despierta _____ todos los días a las seis de la mañana. Luego entra en la

ducha y (2) _____ se lava _____ el pelo con champú. Cuando sale de la ducha, usa la crema de

afeitar para (3) _____ afeitarse _____ delante del espejo. Come algo con su familia y él y sus

hermanos (4) _____ se quedan _____ hablando un rato.

Cuando sale tarde, Luis (5) _____ se preocupa _____ porque no quiere llegar tarde a la clase de

español. Los estudiantes (6) _____ se ponen _____ nerviosos porque a veces (*sometimes*) tienen

pruebas sorpresa en la clase.

Ayer por la mañana, Luis (7) _____ se enojó _____ con su hermana Marina porque ella

(8) _____ se levantó/se despertó _____ tarde y pasó mucho tiempo en el cuarto de baño con la puerta cerrada.

—¿Cuándo sales, Marina? —le preguntó Luis.

—¡Tengo que (9) _____ maquillarme _____ porque voy a salir con mi novio y quiero estar bonita!

—dijo Marina.

—¡Tengo que (10) _____ irme _____ ya, Marina! ¿Cuándo terminas?

—Ahora salgo, Luis. Tengo que (11) _____ vestirme _____. Me voy a poner mi vestido favorito.

—Tienes que (12) _____ acordarte _____ de que viven muchas personas en esta casa, Marina.

7.2 Indefinite and negative words

1 **Alguno o ninguno** Complete the sentences with indefinite and negative words from the word bank.

alguien	algunas	ninguna
alguna	ningún	tampoco

1. No tengo ganas de ir a _____ningún_____ lugar hoy.

2. ¿Tienes _____algunas_____ ideas para mejorar (*to improve*) la economía?

3. ¿Viene _____alguien_____ a la fiesta de mañana?

4. No voy a _____ningún_____ estadio nunca.

5. ¿Te gusta _____alguna_____ de estas corbatas?

6. Jorge, tú no eres el único. Yo _____tampoco_____ puedo ir de vacaciones.

2 **Estoy de mal humor** Your classmate Jaime is in a terrible mood. Complete his complaints with negative words.

1. No me gustan estas gafas. _____No_____ quiero comprar _____ninguna_____ de ellas.

2. Estoy muy cansado. _____No_____ quiero ir a _____ningún_____ restaurante.

3. No tengo hambre. _____No_____ quiero comer _____nada_____.

4. A mí no me gusta la playa. _____No_____ quiero ir a la playa _____nunca_____.

5. Soy muy tímido. _____No_____ hablo con _____nadie_____ _____nunca_____.

6. No me gusta el color rojo, _____ni_____ el color rosado _____tampoco_____.

3 **¡Amalia!** Your friend Amalia is chronically mistaken. Change her statements as necessary to correct her; each statement should be negative.

> **modelo**
> Buscaste algunos vestidos en la tienda.
> **No busqué ningún vestido en la tienda.**

1. Las dependientas venden algunas blusas.
   Las dependientas no venden ninguna blusa/ninguna.

2. Alguien va de compras al centro comercial.
   Nadie va de compras al centro comercial.

3. Siempre me cepillo los dientes antes de salir.
   Nunca te cepillas los dientes antes de salir.

4. Te voy a traer algún programa de computadora.
   No me vas a traer ningún programa de computadora/ninguno.

5. Mi hermano prepara algo de comer.
   Tu hermano no prepara nada de comer.

6. Quiero tomar algo en el café de la librería.
   No quieres tomar nada en el café de la librería.

Lección 7 Estructura Activities

4 **No, no es cierto** Now your friend Amalia realizes that she's usually wrong and is asking you for the correct information. Answer her questions negatively.

> **modelo**
> ¿Comes siempre en casa?
> No, nunca como en casa./No, no como en casa nunca.

1. ¿Tienes alguna falda?

   No, no tengo ninguna falda/no tengo ninguna.

2. ¿Sales siempre los fines de semana?

   No, nunca salgo los fines de semana/no salgo nunca los fines de semana.

3. ¿Quieres comer algo ahora?

   No, no quiero comer nada (ahora).

4. ¿Le prestaste algunos discos de jazz a César?

   No, no le presté ningún disco de jazz (a César)/no le presté ninguno (a César).

5. ¿Podemos ir a la playa o nadar en la piscina?

   No, no podemos ni ir a la playa ni nadar en la piscina.

6. ¿Encontraste algún cinturón barato en la tienda?

   No, no encontré ningún cinturón barato en la tienda/no encontré ninguno.

7. ¿Buscaron ustedes a alguien en la playa?

   No, no buscamos a nadie (en la playa).

8. ¿Te gusta alguno de estos trajes?

   No, no me gusta ninguno de estos trajes/no me gusta ninguno.

5 **Lo opuesto** Rodrigo's good reading habits have changed since this description was written. Rewrite the paragraph, changing the affirmative words to negative ones.

Rodrigo siempre está leyendo algún libro. También lee el periódico. Siempre lee algo. Alguien le pregunta si leyó una novela de Mario Vargas Llosa. Leyó algunos libros de Vargas Llosa el año pasado. También leyó algunas novelas de Gabriel García Márquez. Siempre quiere leer o libros de misterio o novelas fantásticas.

Rodrigo nunca está leyendo ningún libro. Tampoco lee el periódico. Nunca lee nada. Nadie le pregunta si leyó una novela

de Mario Vargas Llosa. No leyó ningún libro de Vargas Llosa el año pasado. Tampoco leyó ninguna novela de Gabriel

García Márquez. Nunca quiere leer ni libros de misterio ni novelas fantásticas.

_____

_____

_____

_____

_____

_____

7.3 Preterite of **ser** and **ir**

1   **¿Ser o ir?** Complete the sentences with the preterite of **ser** or **ir**. Then write the infinitive form of the verb you used.

1. Ayer María y Javier _____fueron_____ a la playa con sus amigos. ___ir___

2. La película del sábado por la tarde ____fue____ muy bonita. ___ser___

3. El fin de semana pasado (nosotros) ____fuimos____ al centro comercial. ___ir___

4. La abuela y la tía ____fueron____ muy buenas doctoras. ___ser___

5. (nosotros) ____Fuimos____ muy simpáticos con la familia de Claribel. ___ser___

6. Manuel ____fue____ a la nueva escuela en septiembre. ___ir___

7. Los vendedores ____fueron____ al almacén muy temprano. ___ir___

8. Lima ____fue____ la primera parada (*stop*) de nuestro viaje. ___ser___

9. (yo) ____Fui____ a buscarte a la cafetería, pero no te encontré. ___ir___

10. Mi compañera de clase ____fue____ a la tienda a comprar champú. ___ir___

2   **Viaje a Perú** Complete the paragraph with the preterite of **ser** and **ir**. Then fill in the chart with the infinitive form of the verbs you used.

El mes pasado mi madre y yo (1) ____fuimos____ de vacaciones a Perú. El vuelo

(*flight*) (2) ____fue____ un miércoles por la mañana y (3) ____fue____

cómodo. Primero, mi madre y yo (4) ____fuimos____ a Lima y (5) ____fuimos____

a comer a un restaurante de comida peruana. La comida (6) ____fue____ muy buena.

Luego (7) ____fuimos____ al hotel y nos (8) ____fuimos____ a dormir. El

jueves (9) ____fue____ un día nublado. Nos (10) ____fuimos____ a Cuzco,

y el viaje en autobús (11) ____fue____ largo. Yo (12) ____fui____

la primera en despertarse y ver la ciudad de Cuzco. Aquella mañana, el paisaje

(13) ____fue____ impresionante. Luego mi madre y yo (14) ____fuimos____

de excursión a Machu Picchu. El cuarto día nos levantamos muy temprano y

(15) ____fuimos____ a la ciudad inca. El amanecer sobre Machu Picchu

(16) ____fue____ hermoso. La excursión (17) ____fue____ una

experiencia inolvidable (*unforgettable*). ¿(18) ____Fuiste____ tú a Perú en el pasado?

1. ___ir___	7. ___ir___	13. ___ser___
2. ___ser___	8. ___ir___	14. ___ir___
3. ___ser___	9. ___ser___	15. ___ir___
4. ___ir___	10. ___ir___	16. ___ser___
5. ___ir___	11. ___ser___	17. ___ser___
6. ___ser___	12. ___ser___	18. ___ir___

Lección 7 Estructura Activities

Lección 7

7.4 Verbs like **gustar**

1 **La fotonovela** Rewrite each sentence, choosing the correct form of the verb in parentheses.

1. Maru, te (quedan, queda) bien las faldas y los vestidos.

   Maru, te quedan bien las faldas y los vestidos.

2. A Jimena y a Juan Carlos no les (molesta, molestan) la lluvia.

   A Jimena y a Juan Carlos no les molesta la lluvia.

3. A los chicos no les (importa, importan) ir de compras.

   A los chicos no les importa ir de compras.

4. A don Diego y a Felipe les (aburre, aburren) probarse ropa en las tiendas.

   A don Diego y a Felipe les aburre probarse ropa en las tiendas.

5. A Jimena le (fascina, fascinan) las tiendas y los almacenes.

   A Jimena le fascinan las tiendas y los almacenes.

6. A Felipe le (falta, faltan) dos años para terminar la carrera (*degree*).

   A Felipe le faltan dos años para terminar la carrera.

7. A los chicos les (encanta, encantan) pescar y nadar en el mar.

   A los chicos les encanta pescar y nadar en el mar.

8. A Miguel le (interesan, interesa) el arte.

   A Miguel le interesa el arte.

2 **Nos gusta el fútbol** Complete the paragraph with the correct present tense forms of the verbs in parentheses.

A mi familia le (1) _____ fascina _____ (fascinar) el fútbol. A mis hermanas les

(2) _____ encantan _____ (encantar) los jugadores porque son muy guapos. También les

(3) _____ gusta _____ (gustar) la emoción (*excitement*) de los partidos. A mi papá le

(4) _____ interesan _____ (interesar) mucho los partidos y, cuando puede, los ve por

Internet. A mi mamá le (5) _____ molesta _____ (molestar) nuestra afición porque no hacemos

las tareas de la casa cuando hay partidos. A ella generalmente le (6) _____ aburren _____

(aburrir) los partidos. Pero cuando al equipo argentino le (7) _____ falta _____ (faltar) un

gol para ganar, le (8) _____ encantan _____ (encantar) los minutos finales del partido.

3 **El viaje** You and your uncle are packing and planning your upcoming vacation to the Caribbean. Rewrite his sentences, substituting the direct object with the one in parentheses. Make all the necessary changes.

> **modelo**
> A mis amigos les fascinan los partidos de béisbol. (la comida peruana)
> *A mis amigos les fascina la comida peruana.*

1. Te quedan bien las gafas de sol. (el sombrero verde)

   Te queda bien el sombrero verde.

2. Les molesta la música estadounidense. (las canciones populares)

   Les molestan las canciones populares.

3. ¿No te interesa aprender a bailar salsa? (nadar)

   ¿No te interesa nadar/aprender a nadar?

4. Les encantan las tiendas. (el centro comercial)

   Les encanta el centro comercial.

5. Nos falta practicar el español. (unas semanas de clase)

   Nos faltan unas semanas de clase.

6. No les importa esperar un rato. (buscar unos libros nuestros)

   No les importa buscar unos libros nuestros.

4 **¿Qué piensan?** Complete the sentences with the correct pronouns and forms of the verbs in parentheses.

1. A mí ____me encantan____ (encantar) las películas de misterio.

2. A Gregorio ____le molestan____ (molestar) mucho la nieve y el frío.

3. A ustedes ____les falta____ (faltar) un libro de esa colección.

4. ¿____Te quedan____ (quedar) bien los sombreros a ti?

5. A ella no ____le importan____ (importar) las apariencias (*appearances*).

6. A mí los deportes por televisión ____me aburren____ (aburrir) mucho.

5 **Mi rutina diaria** Answer these questions using verbs like **gustar** in complete sentences.

1. ¿Te molesta levantarte temprano durante la semana?

   _____

2. ¿Qué te interesa hacer por las mañanas?

   _____

3. ¿Te importa despertarte temprano los fines de semana?

   _____

4. ¿Qué te encanta hacer los domingos?

   _____

Síntesis

Interview a friend or relative about an interesting vacation he or she took. Then, gather the answers into a report. Use verbs like **gustar**, reflexive verbs, the preterite of **ser** and **ir**, and lesson vocabulary to answer the following questions:

- What did he or she like or love about the vacation? What interested him or her?
- Where did he or she stay, what were the accommodations like, and what was his or her daily routine like during the trip?
- Where did he or she go, what were the tours like, what were the tour guides like, and what were his or her travelling companions like?
- What bothered or angered him or her? What bored him or her during the vacation?

Be sure to address both the negative and positive aspects of the vacation. Answers will vary.

_____

_____

_____

_____

_____

_____

_____

_____

_____

_____

_____

_____

_____

_____

_____

_____

_____

_____

_____

_____

panorama

Perú

1 **Datos de Perú** Complete the sentences with the correct words.

1. _____ Lima _____ es la capital de Perú y _____ Arequipa _____ es la segunda ciudad
   más poblada.

2. _____ Iquitos _____ es un puerto muy importante en el río Amazonas.

3. El barrio bohemio de la ciudad de Lima se llama _____ Barranco _____.

4. Hiram Bingham descubrió las ruinas de _____ Machu Picchu _____ en los Andes.

5. Las llamas, alpacas, guanacos y vicuñas son parientes del _____ camello _____.

6. Las Líneas de _____ Nazca _____ son uno de los grandes misterios de la humanidad.

2 **Perú** Fill in the blanks with the names and places described. Then use the words formed by the
highlighted boxes to answer the final question.

1. barrio bohemio de Lima
2. animales que se usan para carga y transporte
3. en Perú se habla este idioma
4. capital de Perú
5. montañas de Perú
6. dirección de Machu Picchu desde Cuzco

7. puerto en el río Amazonas
8. animales que dan lana
9. esta civilización peruana dibujó líneas
10. profesión de César Vallejo

1	B	A	R	R	A	N	C	O

2	L	L	A	M	A	S

3	A	I	M	A	R	A

4	L	I	M	A

5	A	N	D	E	S

6	N	O	R	O	E	S	T	E

¿Por dónde se llega caminando a Machu Picchu?

Se llega por el Camino Inca _____.

7	I	Q	U	I	T	O	S

8	G	U	A	N	A	C	O	S

9	N	A	Z	C	A

10	P	O	E	T	A

3 **Ciudades peruanas** Fill in the blanks with the names of the appropriate cities in Peru.

1. ciudad al sureste (*southeast*) de Cuzco _____ Arequipa _____

2. se envían productos por el Amazonas _____ Iquitos _____

3. Museo Oro del Perú _____ Lima _____

4. está a 80 km de Machu Picchu _____ Cuzco _____

5. ciudad antigua del Imperio inca _____ Machu Picchu _____

4 **¿Cierto o falso?** Indicate whether each statement is **cierto** or **falso**. Correct the false statements.

1. Trujillo es un destino popular para los ecoturistas que visitan la selva.

   Falso. Iquitos es un destino popular para los ecoturistas que visitan la selva.

2. Mario Vargas Llosa es un escritor peruano famoso.

   Cierto.

3. La Iglesia de San Francisco es notable por la influencia de la arquitectura árabe.

   Falso. La Iglesia de San Francisco es notable por la influencia de la arquitectura barroca colonial.

4. Las ruinas de Machu Picchu están en la cordillera de los Andes.

   Cierto.

5. Las llamas se usan para la carga y el transporte en Perú.

   Cierto.

6. La civilización inca hizo dibujos que sólo son descifrables desde el aire.

   Falso. La civilización nazca hizo dibujos que sólo son descifrables desde el aire.

5 **El mapa de Perú** Label the map of Peru.

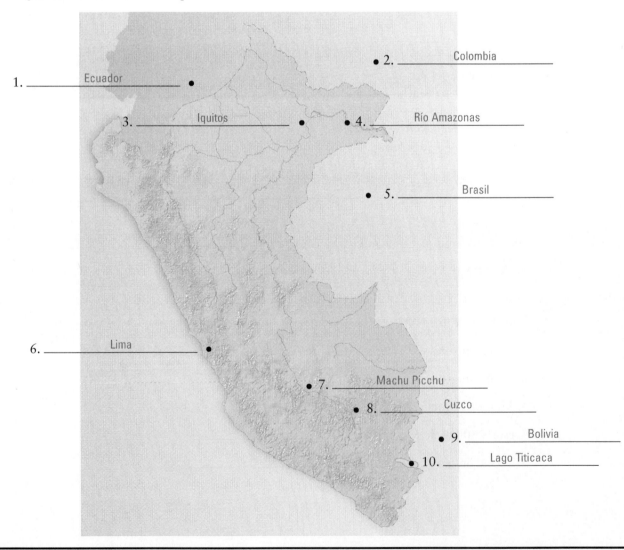

1. _____ Ecuador _____

2. _____ Colombia _____

3. _____ Iquitos _____

4. _____ Río Amazonas _____

5. _____ Brasil _____

6. _____ Lima _____

7. _____ Machu Picchu _____

8. _____ Cuzco _____

9. _____ Bolivia _____

10. _____ Lago Titicaca _____

contextos

1 **¿Qué comida es?** Read the descriptions and write the names of the food in the blanks.

1. Son rojos y se sirven (*they are served*) en las ensaladas. los tomates _____

2. Se come (*It is eaten*) antes del plato principal; es líquida y caliente (*hot*). la sopa _____

3. Son unas verduras anaranjadas, largas y delgadas. las zanahorias _____

4. Hay de naranja y de manzana; se bebe en el desayuno. el jugo _____

5. Son dos rebanadas (*slices*) de pan con queso y jamón. el sándwich _____

6. Es comida rápida; se sirven con hamburguesas y se les pone sal. las papas fritas _____

7. Son pequeños y rosados; viven en el mar. los camarones _____

8. Son frutas amarillas; con ellas, agua y azúcar se hace una bebida de verano. los limones _____

2 **Categorías** Categorize the foods listed in the word bank.

aceite	camarones	hamburguesas	maíz	papas	salchichas
arvejas	cebollas	jamón	mantequilla	peras	salmón
atún	champiñones	langosta	manzanas	pimienta	uvas
azúcar	chuletas de cerdo	leche	mayonesa	pollo	vinagre
bananas		lechuga	melocotones	queso	yogur
bistec	espárragos	limones	naranjas	sal	zanahorias

Verduras	Productos lácteos (*dairy*)	Condimentos	Carnes y aves (*poultry*)	Pescados y mariscos	Frutas
arvejas	leche	aceite	bistec	atún	bananas
cebollas	mantequilla	azúcar	chuletas de cerdo	camarones	limones
champiñones	queso	mayonesa	hamburguesas	langosta	manzanas
espárragos	yogur	pimienta	jamón	salmón	melocotones
lechuga		sal	pollo		naranjas
maíz		vinagre	salchichas		peras
papas					uvas
zanahorias					

Lección 8 Contextos Activities | **85**

3 **¿Qué es?** Label the food item shown in each drawing.

Suggested answers:

1. _____ el vino tinto _____

2. _____ las zanahorias _____

3. _____ los camarones _____

4. _____ las uvas _____

4 **¿Cuándo lo comes?** Read the lists of meals, then categorize when the meals would be eaten.

Answers may vary. Suggested answers:

1. un sándwich de jamón y queso, unas chuletas de cerdo con arroz y frijoles, un yogur y un café con leche

Desayuno _____ un yogur y un café con leche _____

Almuerzo _____ un sándwich de jamón y queso _____

Cena _____ unas chuletas de cerdo con arroz y frijoles _____

2. una langosta con papas y espárragos, huevos fritos y jugo de naranja, una hamburguesa y un refresco

Desayuno _____ huevos fritos y jugo de naranja _____

Almuerzo _____ una hamburguesa y un refresco _____

Cena _____ una langosta con papas y espárragos _____

3. pan tostado con mantequilla, un sándwich de atún y un té helado, un bistec con cebolla y arroz

Desayuno _____ pan tostado con mantequilla _____

Almuerzo _____ un sándwich de atún y un té helado _____

Cena _____ un bistec con cebolla y arroz _____

4. una sopa y una ensalada, cereales con leche, pollo asado con ajo y champiñones

Desayuno _____ cereales con leche _____

Almuerzo _____ una sopa y una ensalada _____

Cena _____ pollo asado con ajo y champiñones _____

estructura

8.1 Preterite of stem-changing verbs

1   **En el pasado**   Rewrite each sentence, conjugating the verbs into the preterite tense.

1. Ana y Enrique piden unos refrescos fríos.

   Ana y Enrique pidieron unos refrescos fríos.

2. Mi mamá nos sirve arroz con frijoles y carne.

   Mi mamá nos sirvió arroz con frijoles y carne.

3. Tina y Linda duermen en un hotel de Lima.

   Tina y Linda durmieron en un hotel de Lima.

4. Las flores (*flowers*) de mi tía mueren durante el otoño.

   Las flores de mi tía murieron durante el otoño.

5. Ustedes se sienten bien porque ayudan a las personas.

   Ustedes se sintieron bien porque ayudaron a las personas.

2   **¿Qué hicieron?**   For each sentence, choose the correct verb from those in parentheses. Then complete the sentence by writing the preterite form of the verb.

1. Rosana y Héctor _____repitieron_____ las palabras del profesor. (repetir, dormir, morir)

2. El abuelo de Luis _____murió_____ el año pasado. (pedir, morir, servir)

3. (yo) _____Serví_____ camarones y salmón de cena en mi casa. (morir, conseguir, servir)

4. Lisa y tú _____pidieron_____ pan tostado con queso y huevos. (sentirse, seguir, pedir)

5. Elena _____durmió_____ en casa de su prima el sábado. (dormir, pedir, repetir)

6. Gilberto y su familia _____prefirieron_____ ir al restaurante francés. (servir, preferir, vestirse)

3   **No pasó así**   Your brother is very confused today. Correct his mistakes by rewriting each sentence, replacing the subject with the one given in parentheses.

1. Anoche nos sentimos alegres. (mis primos)

   Anoche mis primos se sintieron alegres.

2. Melinda y Juan siguieron a Camelia por la ciudad en el auto. (yo)

   (Yo) Seguí a Camelia por la ciudad en el auto.

3. Alejandro prefirió quedarse en casa. (ustedes)

   Ustedes prefirieron quedarse en casa.

4. Pedí un plato de langosta con salsa de mantequilla. (ellas)

   Ellas pidieron un plato de langosta con salsa de mantequilla.

5. Los camareros les sirvieron una ensalada con atún y espárragos. (tu esposo)

   Tu esposo les sirvió una ensalada con atún y espárragos.

Lección 8 Estructura Activities

4 **En el restaurante** Create sentences from the elements provided. Use the preterite form of the verbs.

1. (nosotros) / preferir / este restaurante al restaurante italiano

Preferimos este restaurante al restaurante italiano.

2. mis amigos / seguir / a Gustavo para encontrar el restaurante

Mis amigos siguieron a Gustavo para encontrar el restaurante.

3. la camarera / servirte / huevos fritos y café con leche

La camarera te sirvió huevos fritos y café con leche.

4. ustedes / pedir / ensalada de mariscos y vino blanco

Ustedes pidieron ensalada de mariscos y vino blanco.

5. Carlos / preferir / las papas fritas

Carlos prefirió las papas fritas.

6. (yo) / conseguir / el menú del restaurante

Conseguí el menú del restaurante.

5 **La planta de la abuela** Complete this message with the preterite form of the verbs from the word bank. Use each verb only once.

conseguir	morir	preferir	seguir	servir
dormir	pedir	repetir	sentirse	vestirse

Querida tía:

El fin de semana pasado fui a visitar a mi abuela Lilia en el campo. (Yo) Le
(1) _____conseguí_____ unos libros en la biblioteca de la escuela porque ella me los
(2) _____pidió_____. Cuando llegué, mi abuela me (3) _____sirvió_____ un
plato sabroso de arroz con frijoles. La encontré triste porque la semana pasada su
planta de tomates (4) _____murió_____ y ahora tiene que comprar los tomates en
el mercado. Me invitó a quedarme, y yo (5) _____dormí_____ en su casa. Por
la mañana, abuela Lilia se despertó temprano, (6) _____se vistió_____ y salió a
comprar huevos para el desayuno. Me levanté inmediatamente y la
(7) _____seguí_____ porque quería ir con ella al mercado. En el mercado, ella me
(8) _____repitió_____ que estaba triste por la planta de tomates. Le pregunté:
¿Debemos comprar otra planta de tomates?, pero ella (9) _____prefirió_____
esperar hasta el verano. Después del desayuno, yo (10) _____me sentí_____ triste
cuando volví a la escuela. Quiero mucho a la abuela. ¿Cuándo la vas a visitar?

Chau,

Mónica

8.2 Double object pronouns

1 **Buena gente** Rewrite each sentence, replacing the direct objects with direct object pronouns.

1. La camarera te sirvió el plato de pasta con mariscos.

   La camarera te lo sirvió.

2. Isabel nos trajo la sal y la pimienta a la mesa.

   Isabel nos las trajo (a la mesa).

3. Javier me pidió el aceite y el vinagre anoche.

   Javier me los pidió (anoche).

4. El dueño nos busca una mesa para seis personas.

   El dueño nos la busca (para seis personas).

5. Tu madre me consigue unos melocotones deliciosos.

   Tu madre me los consigue.

6. ¿Te recomendaron este restaurante Lola y Paco?

   ¿Te lo recomendaron Lola y Paco?

2 **En el restaurante** Last night, you and some friends ate in a popular new restaurant. Rewrite what happened there, using double object pronouns in each sentence.

1. La dueña nos abrió la sección de no fumar.

   La dueña nos la abrió.

2. Le pidieron los menús al camarero.

   Se los pidieron.

3. Nos buscaron un lugar cómodo y nos sentamos.

   Nos lo buscaron y nos sentamos.

4. Les sirvieron papas fritas con el pescado a los clientes.

   Se las sirvieron (con el pescado).

5. Le llevaron unos entremeses a la mesa a Marcos.

   Se los llevaron (a la mesa).

6. Me trajeron una ensalada de lechuga y tomate.

   Me la trajeron.

7. El dueño le compró la carne al señor Gutiérrez.

   El dueño se la compró.

8. Ellos te mostraron los vinos antes de servirlos.

   Ellos te los mostraron (antes de servirlos).

Lección 8 Estructura Activities   **89**

Lección 8

3 **¿Quiénes son?** Answer the questions, using double object pronouns.

1. ¿A quiénes les escribiste las postales? (a ellos) Se las escribí a ellos.
2. ¿Quién le recomendó ese plato? (su tío) Se lo recomendó su tío./Su tío se lo recomendó.
3. ¿Quién nos va a abrir la puerta a esta hora? (Sonia) Nos la va a abrir Sonia./Sonia nos la va a abrir./Sonia va a abrírnosla.
4. ¿Quién les sirvió el pescado asado? (Miguel) Se lo sirvió Miguel./Miguel se lo sirvió.
5. ¿Quién te llevó los entremeses? (mis amigas) Me los llevaron mis amigas./Mis amigas me los llevaron.
6. ¿A quién le ofrece frutas Roberto? (a su familia) (Roberto) Se las ofrece a su familia.

4 **La cena** Read the two conversations. Then answer the questions, using double object pronouns.

CELIA *(A Tito)* Rosalía me recomendó este restaurante.
DUEÑO Buenas noches, señores. Les traigo unos entremeses, cortesía del restaurante.
CAMARERO Buenas noches. ¿Quieren ver el menú?
TITO Sí, por favor. ¿Está buena la langosta?
CAMARERO Sí, es la especialidad del restaurante.
CELIA ¿Cuánto vale la langosta?
CAMARERO Vale treinta dólares.
TITO Entonces queremos pedir dos.
CELIA Y yo quiero una copa (*glass*) de vino tinto, por favor.

CAMARERO Tenemos flan y fruta de postre (*for dessert*).
CELIA Perdón, ¿me lo puede repetir?
CAMARERO Tenemos flan y fruta.
CELIA Yo no quiero nada de postre, gracias.
DUEÑO ¿Les gustó la cena?
TITO Sí, nos encantó. Muchas gracias. Fue una cena deliciosa.

1. ¿Quién le recomendó el restaurante a Celia? Se lo recomendó Rosalía./Rosalía se lo recomendó.
2. ¿Quién les sirvió los entremeses a Celia y a Tito? Se los sirvió el dueño./El dueño se los sirvió.
3. ¿Quién les trajo los menús a Celia y a Tito? Se los trajo el camarero./El camarero se los trajo.
4. ¿A quién le preguntó Celia el precio de la langosta? Se lo preguntó al camarero.
5. ¿Quién le pidió las langostas al camarero? Se las pidió Tito./Tito se las pidió.
6. ¿Quién le pidió un vino tinto al camarero? Se lo pidió Celia./Celia se lo pidió.
7. ¿Quién le repitió a Celia la lista de postres? Se la repitió el camarero./El camarero se la repitió.
8. ¿A quién le dio las gracias Tito cuando se fueron? Se las dio al dueño.

8.3 Comparisons

1 **¿Cómo se comparan?** Complete the sentences with the Spanish of the comparison in parentheses.

1. Puerto Rico es _____ más pequeño que _____ (*smaller than*) Guatemala.

2. Felipe corre _____ más rápido que _____ (*faster than*) su amigo Juan Carlos.

3. Los champiñones son ____ tan ricos/deliciosos/sabrosos/buenos como ____ (*as tasty as*) los espárragos.

4. Los jugadores de baloncesto son ____ más altos que ____ (*taller than*) los otros estudiantes.

5. Laura es ____ más trabajadora que ____ (*more hard-working than*) su novio Pablo.

6. Marisol es ____ menos inteligente que ____ (*less intelligent than*) su hermana mayor.

7. La nueva novela de ese escritor es ____ tan mala como ____ (*as bad as*) su primera novela.

8. Agustín y Mario están ____ menos gordos que ____ (*less fat than*) antes.

2 **Lo obvio** Your friend Francisco is always sharing his opinions with you, even though his comparisons are always painfully obvious. Write sentences that express his opinions, using the adjectives in parentheses.

> **modelo**
> (inteligente) Albert Einstein / Homer Simpson
> **Albert Einstein es más inteligente que Homer Simpson.**

1. (famoso) Mariah Carey / mi hermana

   Mariah Carey es más famosa que mi hermana.

2. (difícil) estudiar química orgánica / leer una novela

   Estudiar química orgánica es más difícil que leer una novela./Es más difícil estudiar química orgánica que leer una novela.

3. (malo) el tiempo en Boston / el tiempo en Florida

   El tiempo en Boston es peor que el tiempo en Florida./El tiempo es peor en Boston que en Florida.

4. (barato) los restaurantes elegantes / los restaurantes de comida rápida

   Los restaurantes elegantes son menos baratos que los restaurantes de comida rápida.

5. (viejo) mi abuelo / mi sobrino

   Mi abuelo es mayor que mi sobrino.

3 **¿Por qué?** Complete the sentences with the correct comparisons.

> **modelo**
> Darío juega mejor al fútbol que tú.
> Es porque Darío **practica más que tú.**

1. Mi hermano es más gordo que mi padre. Es porque mi hermano come más que mi padre/más que él .

2. Natalia conoce más países que tú. Es porque Natalia viaja más que tú .

3. Estoy más cansado que David. Es porque duermo menos que David/menos que él .

4. Rolando tiene más hambre que yo. Va a comer más que yo .

5. Mi vestido favorito es más barato que el tuyo. Voy a pagar menos que tú .

6. Julia gana más dinero que Lorna. Es porque Julia trabaja más que Lorna/más que ella .

4   Comparaciones Form complete sentences using one word from each column. Answers will vary.

la carne	bueno	el aceite
la comida rápida	caro	el almuerzo
el desayuno	malo	las chuletas de cerdo
la fruta	pequeño	la ensalada
la mantequilla	rico	los entremeses
el pollo	sabroso	el pescado

> **modelo**
> La carne es más cara que el pescado.

1. _____   4. _____

2. _____   5. _____

3. _____   6. _____

5   Tan... como Compare Jorge and Marcos using comparisons of equality and the following words. Be creative in your answers. Answers will vary.

alto	delgado	inteligente
bueno	guapo	joven

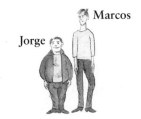
Jorge   Marcos

> **modelo**
> Marcos no es tan inteligente como Jorge.

1. _____   4. _____

2. _____   5. _____

3. _____   6. _____

6   ¿Más o menos? Read the pairs of sentences. Then write a new sentence comparing the first item to the second one.

> **modelo**
> Ese hotel tiene cien habitaciones. El otro hotel tiene cuarenta habitaciones.
> **Ese hotel tiene más habitaciones que el otro.**

1. La biblioteca tiene ciento cincuenta sillas. El laboratorio de lenguas tiene treinta sillas.
   La biblioteca tiene más sillas que el laboratorio de lenguas.

2. Ramón compró tres corbatas. Roberto compró tres corbatas.
   Ramón compró tantas corbatas como Roberto.

3. Yo comí un plato de pasta. Mi hermano comió dos platos de pasta.
   Yo comí menos (pasta) que mi hermano.

4. Anabel durmió ocho horas. Amelia durmió ocho horas.
   Anabel durmió tanto como Amelia./Anabel durmió tantas horas como Amelia.

5. Mi primo toma seis clases. Mi amiga Tere toma ocho clases.
   Mi primo toma menos clases que mi amiga Tere.

8.4 Superlatives

1 **El mejor...** Complete each case with the appropriate information. Form complete sentences using the superlatives. Answers will vary. Sample answers:

> **modelo**
> el restaurante _____ / bueno / ciudad
> **El restaurante Dalí es el mejor restaurante de la ciudad.**

1. la película _____ / mala / la historia del cine
   La película *Cobardes* es la peor de la historia del cine.

2. la comida _____ / sabrosa / todas
   La comida mexicana es la más sabrosa de todas.

3. mi _____ / joven / mi familia
   Mi sobrino es el más joven de mi familia.

4. el libro _____ / interesante / biblioteca
   El libro *Don Quijote de la Mancha* es el más interesante de la biblioteca.

5. las vacaciones de _____ / buenas / año
   Las vacaciones de verano son las mejores del año.

2 **Facilísimo** Rewrite each sentence, using absolute superlatives.

1. Miguel y Maru están muy cansados. Miguel y Maru están cansadísimos.

2. Felipe es muy joven. Felipe es jovencísimo.

3. Jimena es muy inteligente. Jimena es inteligentísima.

4. La madre de Marissa está muy contenta. La madre de Marissa está contentísima.

5. Estoy muy aburrido. Estoy aburridísimo.

3 **Compárate** Compare yourself with the members of your family and the students in your class. Write at least two complete sentences using comparisons of equality and inequality, superlatives, and absolute superlatives. Answers will vary.

> **modelo**
> En mi familia, yo soy más bajo que mi hermano.

_____

_____

> **modelo**
> En mi clase, mi amigo Evan es tan inteligente como yo.

_____

_____

Lección 8 Estructura Activities **93**

Lección 8

Síntesis

Interview a friend or a relative and ask him or her to describe two restaurants where he or she recently ate.

- How was the quality of the food at each restaurant?
- How was the quality of the service at each restaurant?
- How did the prices of the two restaurants compare?
- What did his or her dining companions think about the restaurants?
- How was the ambience different at each restaurant?
- How convenient are the restaurants? Are they centrally located? Are they accessible by public transportation? Do they have parking?

When you are finished with the interview, write up a comparison of the two restaurants based on the information you collected. Use lesson vocabulary and as many different types of comparisons and superlative phrases as possible in your report. Answers will vary.

_____

_____

_____

_____

_____

_____

_____

_____

_____

_____

_____

_____

_____

_____

_____

_____

_____

panorama   Lección 8

Guatemala

1 **Guatemala** Complete the sentences with the correct words.

1. La _____moneda_____ de Guatemala recibe su nombre de un pájaro que simboliza la libertad.

2. Un _____cuarenta_____ por ciento de la población guatemalteca tiene una lengua materna diferente del español.

3. El _____diseño_____ y los colores de cada *huipil* indican el pueblo de origen de la persona que lo lleva.

4. El _____quetzal_____ es un pájaro en peligro de extinción.

5. La civilización maya inventó un _____calendario_____ complejo y preciso.

6. La ropa tradicional refleja el amor de la cultura maya por la _____naturaleza_____.

2 **Preguntas** Answer the questions with complete sentences. Answers will vary. Suggested answers:

1. ¿Cuál es un cultivo de mucha importancia en la cultura maya? _____

El maíz es un cultivo de mucha importancia en la cultura maya.

2. ¿Quién es Miguel Ángel Asturias? _____

Miguel Ángel Asturias es un escritor guatemalteco célebre.

3. ¿Qué países limitan con (*border*) Guatemala? _____

México, Belice, El Salvador y Honduras limitan con Guatemala.

4. ¿Hasta cuándo fue la Antigua Guatemala una capital importante? ¿Qué pasó? _____

La Antigua Guatemala fue una capital importante hasta 1773, cuando un terremoto la destruyó.

5. ¿Por qué simbolizó el quetzal la libertad para los mayas? _____

El quetzal simbolizó la libertad para los mayas porque creían que este pájaro no podía vivir en cautiverio.

6. ¿Qué hace el gobierno para proteger al quetzal? _____

El gobierno mantiene una reserva ecológica especial para proteger al quetzal.

3 **Fotos de Guatemala** Label each photo.

1. _____el quetzal_____   2. _____el huipil/los huipiles_____

Lección 8 Panorama Activities   **95**

4   **Comparar** Read the sentences about Guatemala. Then rewrite them, using comparisons and superlatives. Do not change the meaning.

> **modelo**
>
> La Ciudad de Guatemala no es una ciudad pequeña.
> La Ciudad de Guatemala es la más grande del país.

1. El área de Guatemala no es más grande que la de Tennessee.

   El área de Guatemala es más pequeña que la de Tennessee.

2. Un componente muy interesante de las telas (*fabrics*) de Guatemala es el mosquito.

   Un componente interesantísimo de las telas de Guatemala es el mosquito.

3. Las lenguas mayas no se hablan tanto como el español.

   Las lenguas mayas se hablan menos que el español.

4. Rigoberta Menchú no es mayor que Margarita Carrera.

   Rigoberta Menchú es menor que Margarita Carrera.

5. La celebración de la Semana Santa en la Antigua Guatemala es importantísima para muchas personas.

   La celebración de la Semana Santa en Antigua Guatemala es la más importante (del hemisferio) para muchas personas.

5   **¿Cierto o falso?** Indicate whether the statements about Guatemala are **cierto** or **falso**. Correct the false statements.

1. Rigoberta Menchú ganó el Premio Nobel de la Paz en 1992.

   Cierto.

2. La lengua materna de muchos guatemaltecos es una lengua inca.

   Falso. La lengua materna de muchos guatemaltecos es una lengua maya.

3. La civilización de los mayas no era avanzada.

   Falso. La civilización de los mayas era muy avanzada.

4. Guatemala es un país que tiene costas en dos océanos.

   Cierto.

5. Hay muchísimos quetzales en los bosques de Guatemala.

   Falso. Los quetzales están en peligro de extinción.

6. La civilización maya descubrió y usó el cero antes que los europeos.

   Cierto.

contextos

1 **Identificar** Label the following terms as **estado civil**, **fiesta**, or **etapa de la vida**.

1. casada _____ estado civil _____

7. vejez _____ etapa de la vida _____

2. adolescencia _____ etapa de la vida _____

8. aniversario de bodas _____ fiesta _____

3. viudo _____ estado civil _____

9. divorciado _____ estado civil _____

4. juventud _____ etapa de la vida _____

10. madurez _____ etapa de la vida _____

5. Navidad _____ fiesta _____

11. cumpleaños _____ fiesta _____

6. niñez _____ etapa de la vida _____

12. soltera _____ estado civil _____

2 **Las etapas de la vida** Label the stages of life on the timeline.

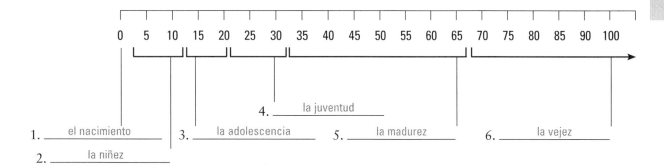

0 5 10 15 20 25 30 35 40 45 50 55 60 65 70 75 80 85 90 100

1. _____ el nacimiento _____

2. _____ la niñez _____

3. _____ la adolescencia _____

4. _____ la juventud _____

5. _____ la madurez _____

6. _____ la vejez _____

3 **Escribir** Fill in the blanks with the stage of life in which these events would normally occur.

1. jubilarse _____ la vejez/la madurez _____

2. graduarse de la universidad _____ la juventud _____

3. cumplir nueve años _____ la niñez _____

4. conseguir el primer trabajo _____ la juventud _____

5. graduarse de la escuela secundaria _____ la adolescencia _____

6. morir o quedar viudo _____ la vejez _____

7. casarse (por primera vez) _____ la juventud _____

8. tener un hijo _____ la juventud _____

9. celebrar el aniversario de bodas número cincuenta _____ la vejez _____

10. tener la primera cita _____ la adolescencia _____

4 **Información personal** Read the descriptions and answer the questions.

"Me llamo Jorge Rosas. Nací el 26 de enero de 1952. Mi esposa murió el año pasado. Tengo dos hijos: Marina y Daniel. Terminé mis estudios de sociología en la Universidad Interamericana en 1974. Me voy a jubilar este año. Voy a celebrar este evento con una botella de champán".

1. ¿Cuál es la fecha de nacimiento de Jorge? _el 26 de enero de 1952_

2. ¿Cuál es el estado civil de Jorge? _viudo_

3. ¿En qué etapa de la vida está Jorge? _en la madurez_

4. ¿Cuándo es el cumpleaños de Jorge? _el 26 de enero_

5. ¿Cuándo se graduó Jorge? _en 1974_

6. ¿Cómo va a celebrar la jubilación (*retirement*) Jorge? _con una botella de champán_

"Soy Julia Jiménez. Nací el 11 de marzo de 1982. Me comprometí a los veinte años, pero rompí con mi novio antes de casarme. Ahora estoy saliendo con un músico cubano. Soy historiadora del arte desde que terminé mi carrera (*degree*) en la Universidad de Salamanca en 2004. Mi postre favorito es el flan de caramelo".

7. ¿Cuál es la fecha de nacimiento de Julia? _el 11 de marzo de 1982_

8. ¿Cuál es el estado civil de Julia? _soltera_

9. ¿En qué etapa de la vida está Julia? _en la juventud_

10. ¿Cuándo es el cumpleaños de Julia? _el 11 de marzo_

11. ¿Cuándo se graduó Julia? _en 2004_

12. ¿Qué postre le gusta a Julia? _el flan de caramelo_

"Me llamo Manuel Blanco y vivo en Caracas. Mi esposa y yo nos comprometimos a los veintiséis años, y la boda fue dos años después. Pasaron quince años y tuvimos tres hijos. Me gustan mucho los dulces".

13. ¿Dónde vive Manuel? _en Caracas_

14. ¿En qué etapa de la vida se comprometió Manuel? _en la juventud_

15. ¿A qué edad se casó Manuel? _a los veintiocho años_

16. ¿Cuál es el estado civil de Manuel? _casado_

17. ¿Cuántos hijos tiene Manuel? _tres_

18. ¿Qué postre le gusta a Manuel? _los dulces_

estructura

9.1 Irregular preterites

1 **¿Hay o hubo?** Complete these sentences with the correct tense of **haber**.

1. Ahora _____hay_____ una fiesta de graduación en el patio de la escuela.

2. _____Hubo_____ muchos invitados en la fiesta de aniversario anoche.

3. Ya _____hubo_____ una muerte en su familia el año pasado.

4. Siempre _____hay_____ galletas y dulces en las fiestas de cumpleaños.

5. _____Hubo_____ varios entremeses en la cena de ayer.

6. Por las mañanas _____hay_____ unos postres deliciosos en esa tienda.

2 **¿Cómo fue?** Complete these sentences with the preterite of the verb in parentheses.

1. Cristina y Lara _____estuvieron_____ (estar) en la fiesta anoche.

2. (yo) _____Tuve_____ (tener) un problema con mi pasaporte y lo pasé mal en la aduana.

3. Rafaela _____vino_____ (venir) temprano a la fiesta y conoció a Humberto.

4. El padre de la novia _____hizo_____ (hacer) un brindis por los novios.

5. Román _____puso_____ (poner) las maletas en el auto antes de salir.

3 **¿Qué hicieron?** Complete these sentences, using the preterite of **decir**, **conducir**, **traducir**, and **traer**.

1. Felipe y Silvia _____dijeron_____ que no les gusta ir a la playa.

2. Claudia le _____tradujo_____ unos papeles al inglés a su hermano.

3. David _____condujo_____ su motocicleta nueva durante el fin de semana.

4. Rosario y Pepe me _____trajeron_____ un pastel de chocolate de regalo.

5. Cristina y yo les _____dijimos_____ a nuestras amigas que vamos a bailar.

4 **Es mejor dar...** Rewrite these sentences in the preterite tense.

1. Antonio le da un beso a su madre.
Antonio le dio un beso a su madre.

2. Los invitados le dan las gracias a la familia.
Los invitados le dieron las gracias a la familia.

3. Tú les traes una sorpresa a tus padres.
Tú les trajiste una sorpresa a tus padres.

4. Rosa y yo le damos un regalo al profesor.
Rosa y yo le dimos un regalo al profesor.

5. Carla nos trae mucha comida para el viaje.
Carla nos trajo mucha comida para el viaje.

Lección 9

5 **Combinar** Create logical sentences in the preterite using one element from each column. Notice that, using each word once, there is only one correct match between second and third columns.

Answers will vary. Suggested answers:

Rita y Sara	decir	una cámara
ellos	estar	a este lugar
tú	hacer	un examen
mi tía	poner	galletas
ustedes	producir	una película
Rosa	tener	en Perú
nosotras	traer	la televisión
yo	venir	la verdad

1. Rosa hizo galletas. _____

2. Mi tía estuvo en Perú. _____

3. Yo vine a este lugar. _____

4. Rita y Sara dijeron la verdad. _____

5. Ustedes pusieron la televisión. _____

6. Ellos produjeron una película. _____

7. Nosotras trajimos una cámara. _____

8. Tú tuviste un examen. _____

6 **Ya lo hizo** Your friend Miguel is very forgetful. Answer his questions negatively, indicating that the action has already occurred. Use the phrases or words in parentheses.

> **modelo**
> ¿Quiere Pepe cenar en el restaurante japonés? (restaurante chino)
> *No, Pepe ya cenó en el restaurante chino.*

1. ¿Vas a estar en la biblioteca hoy? (ayer)

   No, ya estuve en la biblioteca ayer.

2. ¿Quieren dar una fiesta Elena y Sergio este fin de semana? (el sábado pasado)

   No, Elena y Sergio ya dieron una fiesta el sábado pasado.

3. ¿Debe la profesora traducir esa novela este semestre? (el año pasado)

   No, la profesora ya tradujo esa novela el año pasado.

4. ¿Va a haber pastel de limón en la cena de hoy? (anoche)

   No, ya hubo pastel de limón (en la cena de) anoche.

5. ¿Deseas poner los abrigos en la silla? (sobre la cama)

   No, ya puse los abrigos sobre la cama.

6. ¿Van ustedes a tener un hijo? (tres hijos)

   No, ya tuvimos/tenemos tres hijos.

Lección 9

9.2 Verbs that change meaning in the preterite

1   **Completar**   Complete these sentences with the preterite tense of the verbs in parentheses.

1. Liliana no _____ pudo _____ (poder) llegar a la fiesta de cumpleaños de Esteban.

2. Las chicas _____ conocieron _____ (conocer) a muchos estudiantes en la biblioteca.

3. Raúl y Marta no _____ quisieron _____ (querer) invitar al padre de Raúl a la boda.

4. Lina _____ supo _____ (saber) ayer que sus tíos se van a divorciar.

5. (nosotros) _____ Pudimos _____ (poder) regalarle una bicicleta a Marina.

6. María _____ quiso _____ (querer) romper con su novio antes del verano.

2   **Traducir**   Use these verbs to translate the sentences into Spanish.

conocer	querer
poder	saber

1. I failed to finish the book on Wednesday.

No pude terminar el libro el miércoles.

2. Inés found out last week that Vicente is divorced.

Inés supo la semana pasada que Vicente es/está divorciado.

3. Her girlfriends tried to call her, but they failed to.

Sus amigas quisieron llamarla (por teléfono), pero no pudieron.

4. Susana met Alberto's parents last night.

Susana conoció a los padres de Alberto anoche.

5. The waiters managed to serve dinner at eight.

Los camareros pudieron servir la cena a las ocho.

6. Your mother refused to go to your brother's house.

Tu madre no quiso ir a la casa de tu hermano.

3   **Raquel y Ronaldo**   Complete the paragraph with the preterite of the verbs in the word bank.

conocer	querer
poder	saber

El año pasado Raquel (1) _____ conoció _____ al muchacho que ahora es su esposo, Ronaldo.

Primero, Raquel no (2) _____ quiso _____ salir con él porque él vivía (*was living*) en una ciudad

muy lejos de ella. Ronaldo (3) _____ quiso _____ convencerla durante muchos meses, pero no

(4) _____ pudo _____ hacerlo. Finalmente, Raquel decidió darle una oportunidad a Ronaldo.

Cuando empezaron a salir, Raquel y Ronaldo (5) _____ supieron _____ inmediatamente que eran el

uno para el otro (*they were made for each other*). Raquel y Ronaldo (6) _____ pudieron _____ comprar

una casa en la misma ciudad y se casaron ese verano.

   Lección 9 Estructura Activities   **101**

9.3 ¿Qué? and ¿cuál?

1 **¿Qué o cuál?** Complete these sentences with **qué**, **cuál**, or **cuáles**.

1. ¿_Qué_____ estás haciendo ahora?

2. ¿_Qué_____ gafas te gustan más?

3. ¿_Cuál_____ prefieres, el vestido largo o el corto?

4. ¿Sabes _cuál_____ de éstos es mi disco favorito?

5. ¿_Qué_____ es un departamento de hacienda?

6. ¿_Cuáles_____ trajiste, las de chocolate o las de limón?

7. ¿_Qué_____ auto compraste este año?

8. ¿_Cuál_____ es la tienda más elegante del centro?

2 **¿Cuál es la pregunta?** Write questions that correspond to these responses. Use each word or phrase from the word bank only once.

¿a qué hora?	¿cuál?	¿cuándo?	¿de dónde?	¿qué?
¿adónde?	¿cuáles?	¿cuántos?	¿dónde?	¿quién?

1. _¿Cuál es la camisa que más te gusta?_____

   La camisa que más me gusta es ésa.

2. _¿Qué quieres hacer hoy?_____

   Hoy quiero descansar durante el día.

3. _¿Quién es tu profesora de matemáticas?_____

   Mi profesora de matemáticas es la señora Aponte.

4. _¿De dónde eres?/¿De dónde es usted?_____

   Soy de Buenos Aires, Argentina.

5. _¿Cuáles son tus gafas favoritas?_____

   Mis gafas favoritas son las azules.

6. _¿Dónde está el pastel de cumpleaños?_____

   El pastel de cumpleaños está en el refrigerador.

7. _¿A qué hora empieza la fiesta sorpresa?_____

   La fiesta sorpresa empieza a las ocho en punto de la noche.

8. _¿Cuándo cierra el restaurante?_____

   El restaurante cierra los lunes.

9. _¿Cuántos invitados hay en la lista?_____

   Hay ciento cincuenta invitados en la lista.

10. _¿Adónde van ustedes?_____

   Vamos a la fiesta de cumpleaños de Inés.

9.4 Pronouns after prepositions

1 Antes de la fiesta Choose and write the correct pronouns to complete the paragraph.

Hoy voy al mercado al aire libre cerca de mi casa con mi tía Carmen. Me gusta ir con
(1) ___ella___ (usted, ella) porque sabe escoger las mejores frutas y verduras del mercado.
Y a ella le gusta ir (2) ___conmigo___ (contigo, conmigo) porque sé regatear mejor que nadie.

—Entre (3) ___tú___ (tú, ellas) y yo, debes saber que a (4) ___mí___ (ella, mí) no me
gusta gastar mucho dinero. Me gusta venir (5) ___contigo___ (con usted, contigo) porque me ayudas a
ahorrar (save) dinero —me confesó un día en el mercado. Hoy la vienen a visitar sus hijos porque es su
cumpleaños, y ella quiere hacer una ensalada de frutas para (6) ___ellos___ (ellos, nosotros).

—Estas peras son para (7) ___ti___ (mí, ti), por venir conmigo al mercado. También me
llevo unos hermosos melocotones para el novio de Verónica, que viene con (8) ___ella___
(ella, nosotras). Siempre compro frutas para (9) ___él___ (mí, él) porque le encantan y no
consigue muchas frutas en el lugar donde vive —dice mi tía.

—¿Voy a conocer al novio de Verónica?

—Sí, ¡queremos invitarte a (10) ___ti___ (ti, él) a la fiesta de cumpleaños!

2 El pastel de Carlota Some friends are having Carlota's birthday cake. Complete the conversation
with the correct pronouns.

SR. MARTÍNEZ Chicos, voy a buscar a mi esposa, en un momento estoy con
(1) ___ustedes___.

TOMÁS Sí, señor Martínez, no se preocupe por (2) ___nosotros___.

YOLANDA ¡Qué rico está el pastel! A (3) ___mí___ me encantan los pasteles.
Tomás, ¿quieres compartir un pedazo (slice) (4) ___conmigo___?

TOMÁS ¡Claro! Para (5) ___mí___, el chocolate es lo más delicioso.

CARLOTA Pero no se lo terminen... Víctor, quiero compartir el último (last) pedazo
(6) ___contigo___.

VÍCTOR Mmmh, está bien; sólo por (7) ___ti___ hago este sacrificio.

CARLOTA Toma, Víctor, este pedazo es especial para (8) ___ti___.

TOMÁS ¡Oh, no! Mira, Yolanda, ¡hay más miel (honey) en (9) ___ellos/él___
que en cien pasteles!

Lección 9 Estructura Activities **103**

Síntesis

Research the life of a famous person who has had a stormy personal life, such as Elizabeth Taylor or Henry VIII. Write a brief biography of the person, including the following information: Answers will vary.

- When was the person born?
- What was that person's childhood like?
- With whom did the person fall in love?
- Whom did the person marry?
- Did he or she have children?
- Did the person get divorced?
- Did the person go to school, and did he or she graduate?
- How did his or her career or lifestyle vary as the person went through different stages in life?

Use lesson vocabulary, irregular preterites, and verbs that change meaning in the preterite in your biography.

_____

_____

_____

_____

_____

_____

_____

_____

_____

_____

_____

_____

_____

_____

_____

_____

_____

_____

_____

Lección 9

panorama

Chile

1 **Datos chilenos** Complete the chart with the correct information about Chile. Some answers will vary.

Ciudades principales	Deportes de invierno	Países fronterizos (*bordering*)	Escritores
Santiago de Chile	el esquí	Perú	Gabriela Mistral
Concepción	el *snowboard*	Bolivia	Pablo Neruda
Viña del Mar	el heliesquí	Argentina	Isabel Allende

2 **¿Cierto o falso?** Indicate whether the sentences are **cierto** or **falso**. Correct the false sentences.

1. Una quinta parte de los chilenos vive en Santiago de Chile.
   Falso. Una tercera parte de los chilenos vive en Santiago de Chile.

2. En Chile se hablan el idioma español y el mapuche.
   Cierto.

3. La mayoría (*most*) de las playas de Chile están en la costa del océano Atlántico.
   Falso. La mayoría de las playas de Chile están en la costa del océano Pacífico.

4. El desierto de Atacama es el más seco del mundo.
   Cierto.

5. La isla de Pascua es famosa por sus observatorios astronómicos.
   Falso. La isla de Pascua es famosa por los *moái*, unas estatuas enormes.

6. El Parque Nacional Villarrica está situado al pie de un volcán y junto a un lago.
   Cierto.

7. Se practican deportes de invierno en los Andes chilenos.
   Cierto.

8. La exportación de vinos chilenos se redujo (*decreased*) en los últimos años.
   Falso. La exportación de vinos está aumentando cada vez más.

3 **Información de Chile** Complete the sentences with the correct words.

1. La moneda de Chile es el _____ peso chileno _____.

2. Bernardo O'Higgins fue un militar y _____ héroe _____ nacional de Chile.

3. Los exploradores _____ holandeses _____ descubrieron la isla de Pascua.

4. Desde los _____ observatorios _____ chilenos de los Andes, los científicos estudian las estrellas.

5. La producción de _____ vino _____ es una parte importante de la actividad agrícola de Chile.

6. El país al este de Chile es _____ Argentina _____.

4 **Fotos de Chile** Label the photos.

1. ___edificio antiguo en Santiago___

2. ___los *moái* de la isla de Pascua___

5 **El pasado de Chile** Complete the sentences with the preterite of the correct verbs from the word bank.

> comenzar   escribir
> decidir   recibir

1. Pablo Neruda _____escribió_____ muchos poemas románticos durante su vida.

2. La isla de Pascua _____recibió_____ su nombre porque la descubrieron el Día de Pascua.

3. No se sabe por qué los *rapa nui* _____decidieron_____ abandonar la isla de Pascua.

4. La producción de vino en Chile _____comenzó_____ en el siglo XVI.

6 **Preguntas chilenas** Write questions that correspond to the answers below. Vary the interrogative words you use.

1. ¿Cuántos habitantes hay en/tiene Chile? _____

   Hay más de diecisiete millones de habitantes en Chile.

2. ¿Cuál es la capital chilena/de Chile? _____

   Santiago de Chile es la capital chilena.

3. ¿Qué idiomas se hablan en Chile?/¿Cuáles son los idiomas que se hablan en Chile? _____

   Los idiomas que se hablan en Chile son el español y el mapuche.

4. ¿Quiénes descubrieron la isla de Pascua?/¿Qué descubrieron los exploradores holandeses? _____

   Los exploradores holandeses descubrieron la isla de Pascua.

5. ¿Dónde se puede practicar el heliesquí?/¿Qué (deporte) se puede practicar en el centro de esquí Valle Nevado?/¿Qué tipo de excursiones organiza el centro de esquí Valle Nevado? _____

   El centro de esquí Valle Nevado organiza excursiones de heliesquí.

6. ¿Cuándo/En qué siglo comenzó la producción de vino en Chile? _____

   La producción de vino en Chile comenzó en el siglo XVI.

repaso

1 **¿Te importa?** Complete the sentences with the correct indirect object pronoun and the form of the verb in parentheses.

1. A nosotros _____ nos gusta _____ (gustar) ir de excursión y acampar.

2. A mí _____ me encantan _____ (encantar) las novelas históricas.

3. A mi hermano _____ le molesta _____ (molestar) la radio cuando está estudiando.

4. A ustedes no _____ les importa _____ (importar) esperar un rato para sentarse, ¿no?

5. Ese vestido largo _____ te queda _____ (quedar) muy bien (a ti) con las sandalias.

6. A ellos _____ les faltan _____ (faltar) dos días para graduarse de la escuela.

2 **No quiero nada** Answer the questions negatively, using negative words.

1. ¿Debo ponerme algo elegante esta noche?
No, no debes ponerte/no te debes poner nada elegante esta noche.

2. ¿Te enojaste con alguien en el restaurante?
No, no me enojé con nadie en el restaurante.

3. ¿Se probó algún vestido Ana en la tienda?
No, Ana no se probó ningún vestido/ninguno (en la tienda).

4. ¿Quiere Raúl quedarse en las fiestas siempre?
No, Raúl nunca quiere quedarse/se quiere quedar en las fiestas.

3 **La fiesta** Complete the paragraph with the correct preterite forms of the verbs in parentheses.

Ignacio y yo (1) _____ fuimos _____ (ir) a la fiesta de cumpleaños de un amigo el sábado.

(2) _____ Fuimos _____ (Ir) juntos en auto. Mi padre (3) _____ condujo _____ (conducir). La fiesta

(4) _____ fue _____ (ser) en el salón de fiestas del Hotel Condado. En la fiesta (5) _____ hubo _____

(haber) un pastel enorme y muchísimos invitados. (Yo) (6) _____ Supe _____ (saber) en la fiesta que mi

amiga Dora (7) _____ rompió _____ (romper) con su novio. Ignacio y yo (8) _____ quisimos _____ (querer)

hacerla sentir mejor, pero no (9) _____ fue _____ (ser) fácil. Primero Ignacio (10) _____ pidió _____ (pedir)

una botella de jugo. Luego le (11) _____ dijo _____ (decir) a su amigo Marc: "Ven (*Come*) a sentarte

con nosotros". Ignacio le (12) _____ sirvió _____ (servir) algo de jugo a Marc y todos (13) _____ brindamos/ brindaron _____

(brindar). Nosotros les (14) _____ dimos _____ (dar) la oportunidad a Dora y a Marc de conocerse. Marc

es francés, y por mucho rato ellos no (15) _____ pudieron _____ (poder) entenderse. Luego yo (16) _____ traduje _____

(traducir) sus palabras un rato. Dora (17) _____ repitió _____ (repetir) las palabras hasta decirlas bien. Dora

y Marc (18) _____ estuvieron _____ (estar) hablando toda la noche. Ignacio les (19) _____ trajo _____ (traer)

entremeses y él y yo nos (20) _____ fuimos _____ (ir) a bailar. Marc le (21) _____ pidió _____ (pedir) el número

a Dora. Ella (22) _____ se puso _____ (ponerse) feliz.

4 **Te lo dije** Rewrite these sentences in the preterite. Use double object pronouns in the new sentences.

> *modelo*
>
> Carlos le traduce los documentos a su hermano. **Carlos se los tradujo.**

1. Rebeca quiere comprarle un regalo a Jorge. (Rebeca) Quiso comprárselo./(Rebeca) Se lo quiso comprar.

2. Les hago una cena deliciosa. Se la hice.

3. Los López le dicen unos chistes (*jokes*). Se los dijeron.

4. Francisco no puede prestarnos el auto. (Francisco) No pudo prestárnoslo./(Francisco) No nos lo pudo prestar.

5. Les debes decir tu apellido a los dueños. Debiste decírselo./Se lo debiste decir.

6. Te traigo unas cosas importantes. Te las traje.

5 **Los países** Compare the items listed, using information from the **Panorama** sections.

Some answers may vary. Suggested answers:

1. Guatemala / pequeño / Perú

   Guatemala es más pequeño que Perú.

2. Líneas de Nazca / misteriosas / los *moái* de la isla de Pascua

   Las líneas de Nazca son tan misteriosas como los *moái* de la isla de Pascua.

3. habitantes de Guatemala / hablar idiomas / habitantes de Chile

   Los habitantes de Guatemala hablan más idiomas que los habitantes de Chile.

4. Ciudad de Guatemala / grande / puerto de Iquitos

   La ciudad de Guatemala es más grande que el puerto de Iquitos.

5. peruanos / usar las llamas / chilenos

   Los peruanos usan las llamas más que los chilenos.

6 **La boda** Imagine that you know the couple in the photo. Write some background about their wedding. How and when did the couple meet? When did they become engaged? Do they get along well? Do they really love each other? Next, talk about the food and drinks served at the wedding and whether you enjoyed the event. Answers will vary.

_____

_____

_____

_____

_____

_____

_____

_____

_____

_____

_____

Lecciones 7–9 *(side tab)*

Credits

Every effort has been made to trace the copyright holders of the works published herein. If proper copyright acknowledgment has not been made, please contact the publisher and we will correct the information in future printings.

Photography and Art Credits

All images © Vista Higher Learning unless otherwise noted.

Cuaderno de práctica: 22: (l) Katie Wade; (m) Darren Baker/Shutterstock; (r) José Blanco; **34:** (tl) Lauren Krolick; (bl) Martín Bernetti; (r) Ivan Mejia; **36:** Martín Bernetti; **38:** Martín Bernetti; **58:** (tl) StockTrek/Photodisc/Getty Images; (tr) Janet Dracksdorf; (bl) Miguel A. Alvarez/Shutterstock; (br) José Blanco; **72:** Nicole Winchell; **95:** (l) Michael Fischer/Media Bakery; (r) Bill Bachmann/Danita Delimont Photography/Newscom; **106:** (l) Lauren Krolick; (r) Lars Rosen Gunnilstam; **108:** Cardinal/Corbis.